増補版 古三線に魅せられて

沖縄の三線に込められた想いをたどる

福田八直幸

沖縄の伝統的弦楽器・三線は十四世紀ごろ中国から伝来してきたと伝えられている。そして琉球の時代から大切にされ、伝えられてきた三線が存在する。そんな古三線には不思議な魅力が備わっている。

伝統的な７つの型

代表的な７つの型は、それぞれ琉球王国時代の名工の名前がつけられています。＊本書 177 頁参照

・南風原《フェーバラー》型
翁長親雲上型
・真壁《マカビ》型
宇根親雲上型
・与那城《ユナグシク》型
・久葉ぬ骨《クバヌフニー》型
・知念大工《チニンデーク》型
・久場春殿《クバシュンドゥン》型
・平仲知念《ヒラナカチニン》型

三線各部の名称

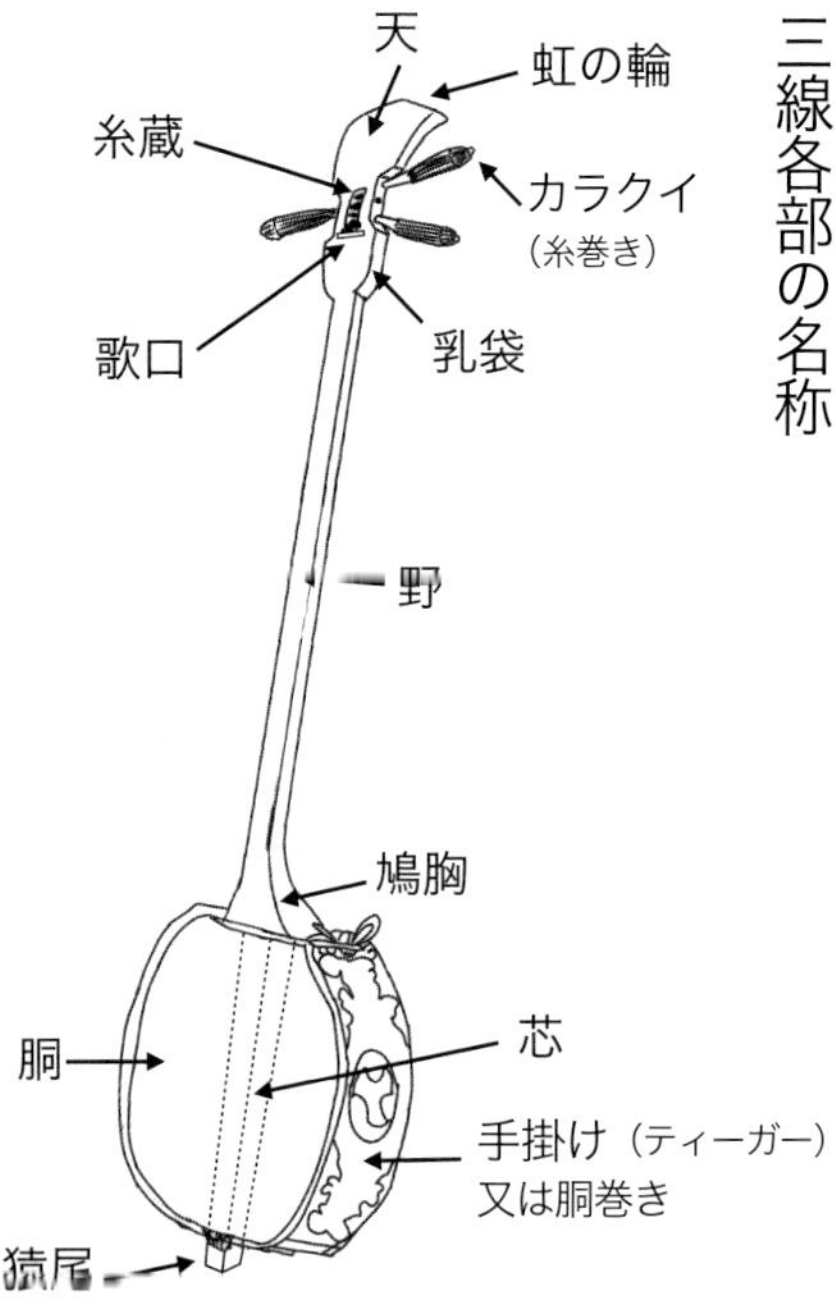

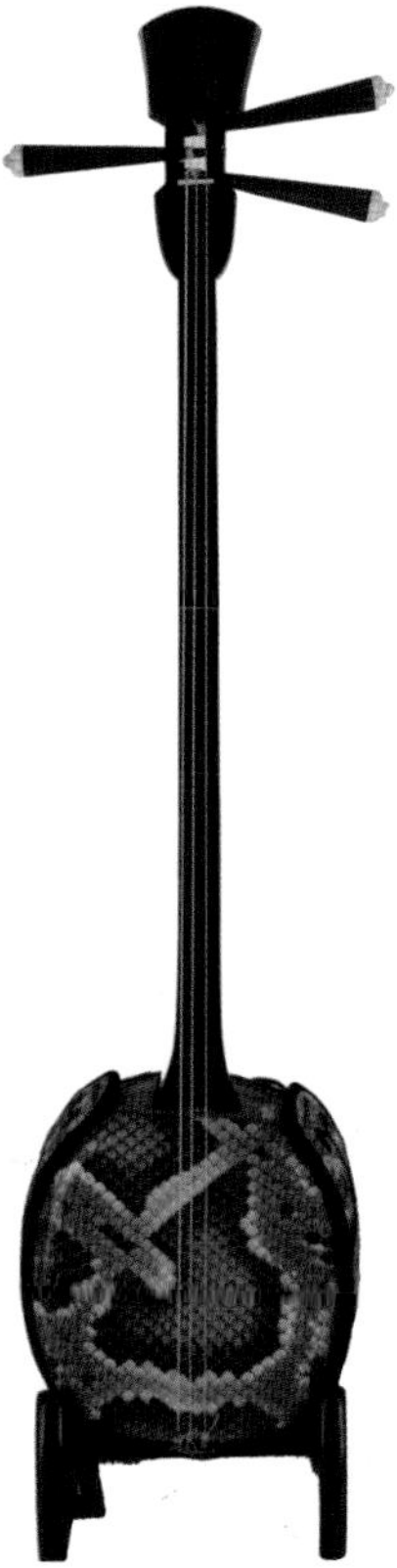

＊大和の三味線と沖縄の三線は「全く違う」と言われているが、三線の各部は同じ名称が使われている。

琉球には開鐘《ケージョー》と呼ばれる三線がある

開鐘とは夜明けにつく寺院の鐘（開静鐘《ケージョーガニ》）のことで、特に名器として珍重されたものである。

＊本書 173 頁参照

◉は県指定有形文化財

◉盛嶋開鐘
◉翁長開鐘
◉志多伯開鐘
◉湧川開鐘
◉富盛開鐘
アマダンザ開鐘
大宜味開鐘
城開鐘
久田開鐘
西平開鐘
湧川開鐘
友寄開鐘
豊平開鐘
松田開鐘
前田開鐘

安室開鐘
熱田開鐘
綾爪開鐘
屋良部崎開鐘
屋富祖開鐘
糸蔵長開鐘
与那開鐘
山城開鐘
百目開鐘（南風原型）
具志川開鐘
奥田開鐘
越来御殿開鐘
尚城開鐘
川之上開鐘
嘉数ぬ前開鐘

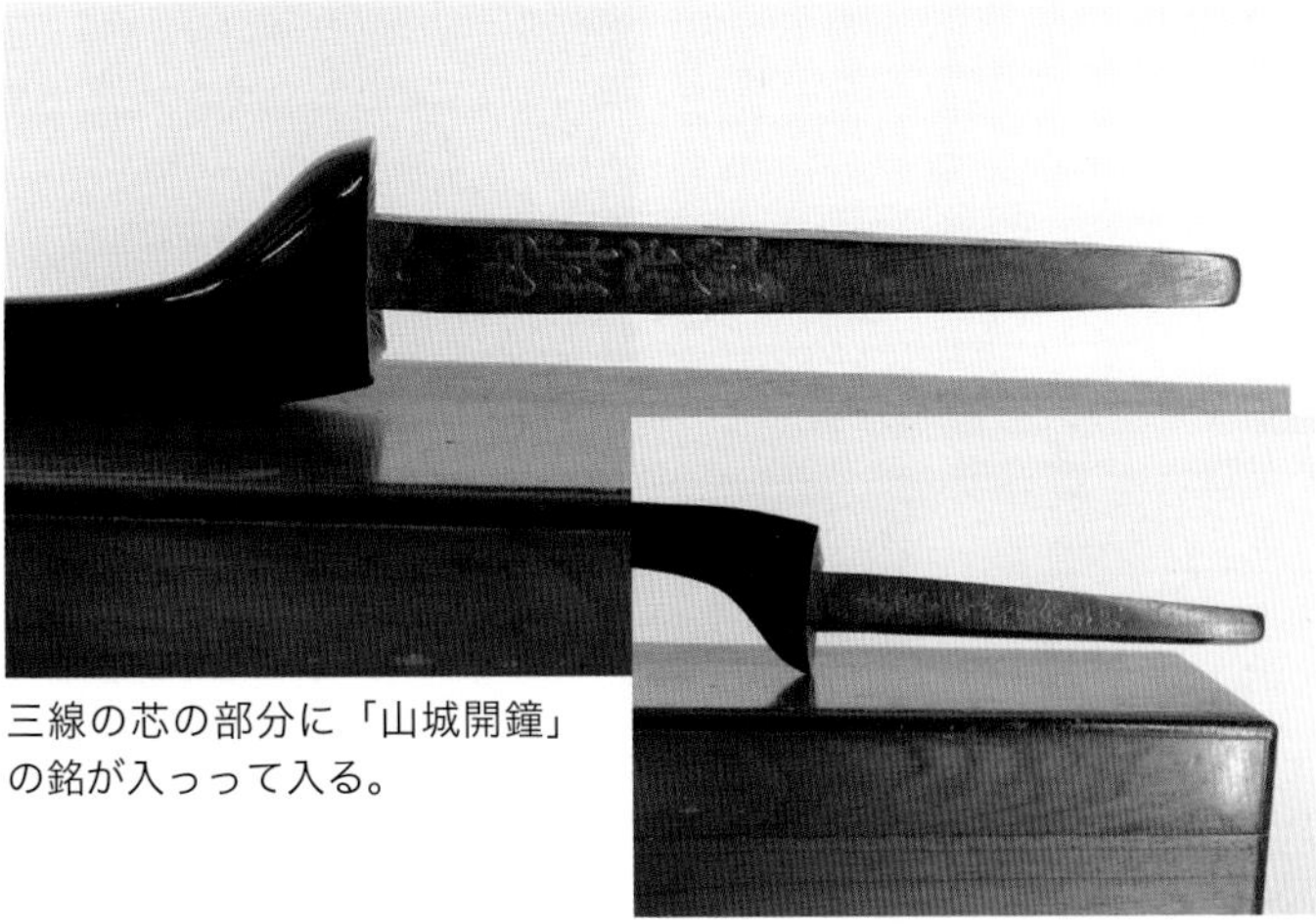

三線の芯の部分に「山城開鐘」の銘が入って入る。

本書で登場する古三線

＊本書 148 〜 160 頁参照。撮影著者

1、山城松平仲知念

2、ため息が出るほど美しい「守林」

3、大山の与那開鐺

4、仲村タマイ真壁

5、比嘉武信氏所有三線

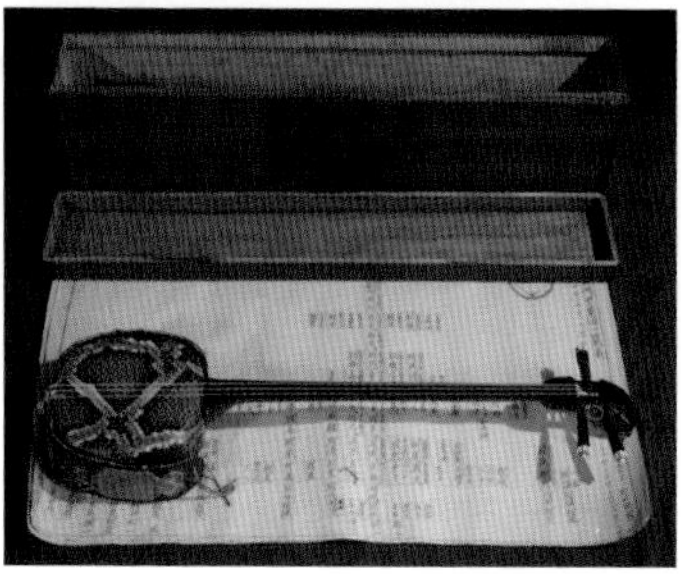

6、尚家伝来真壁三線

7、「合格」の焼印入り三線

8、知念大工

9、平安座ハッタラー

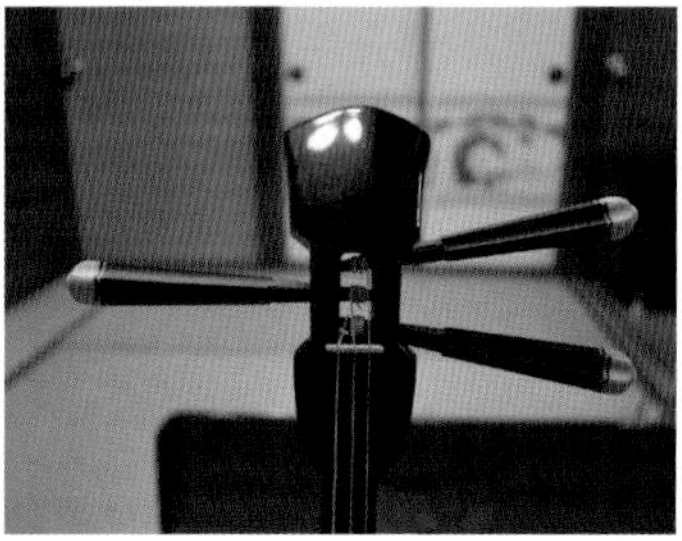

10、久米三十六姓真壁三線

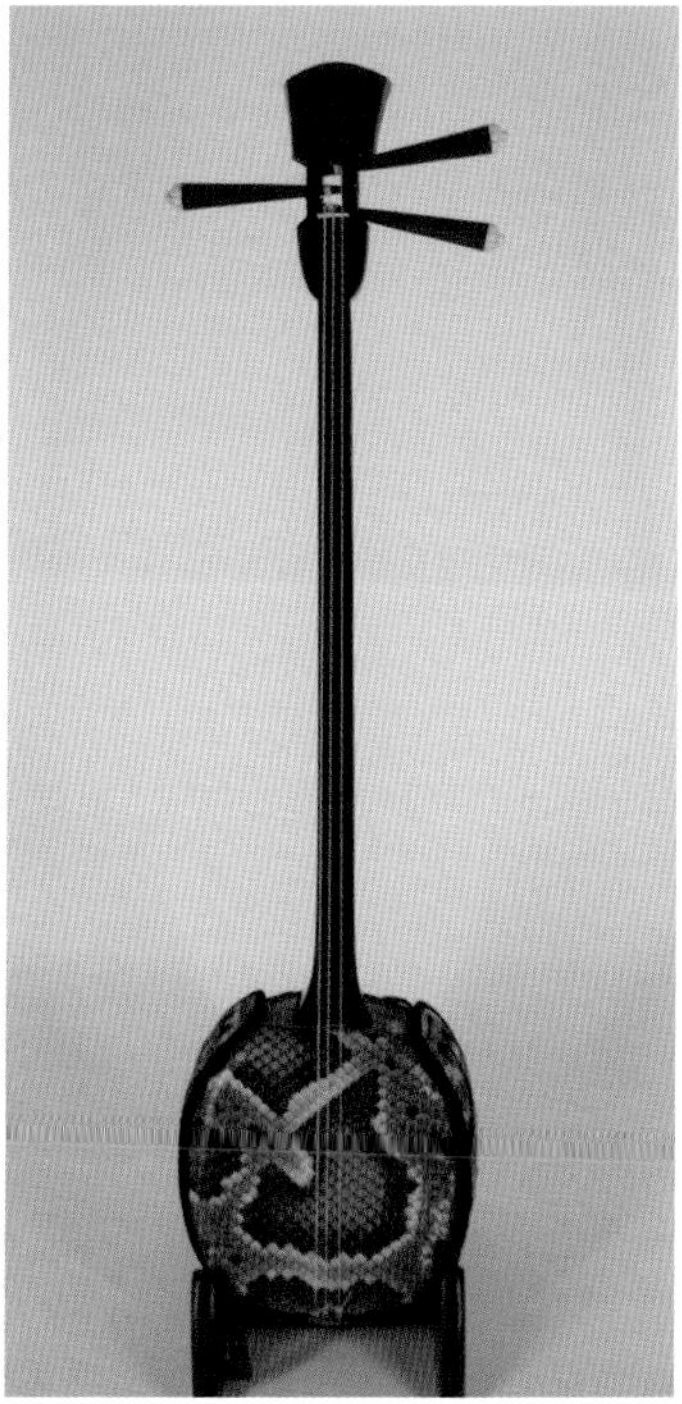

11、西平開鐘と屋良部崎開鐘
芯にヤスリの跡が見える。

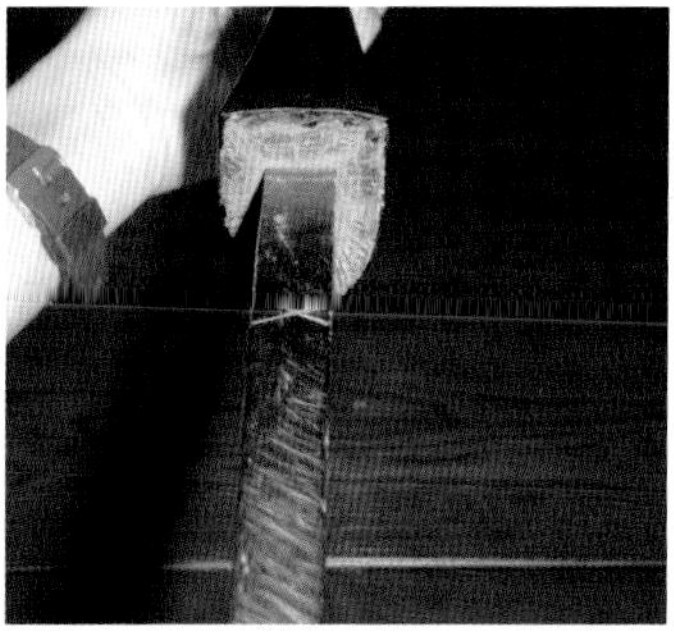

12、翁長開鐘

13、山城開鐘

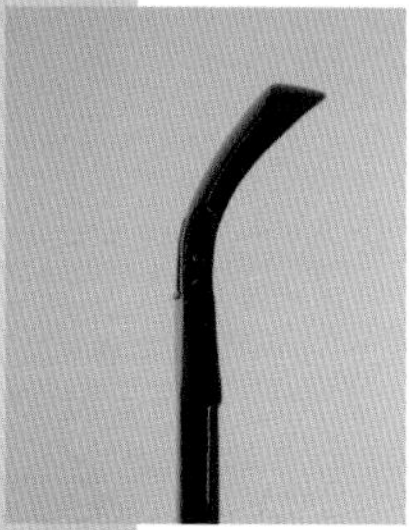

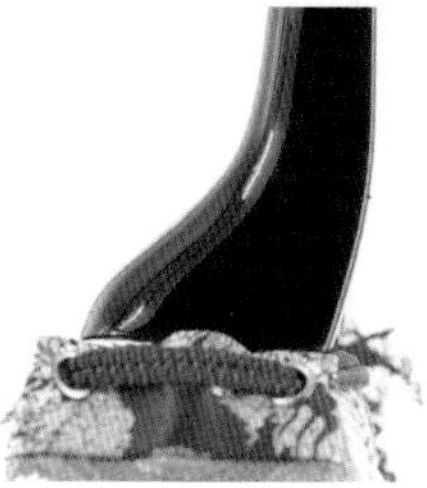

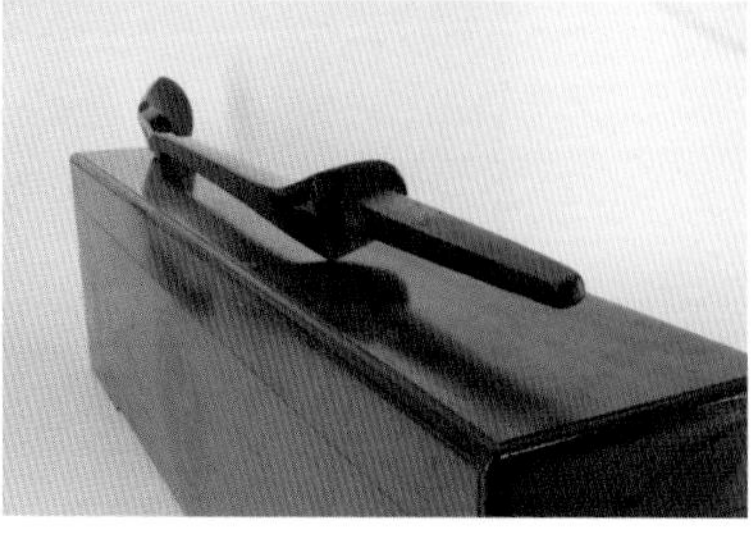

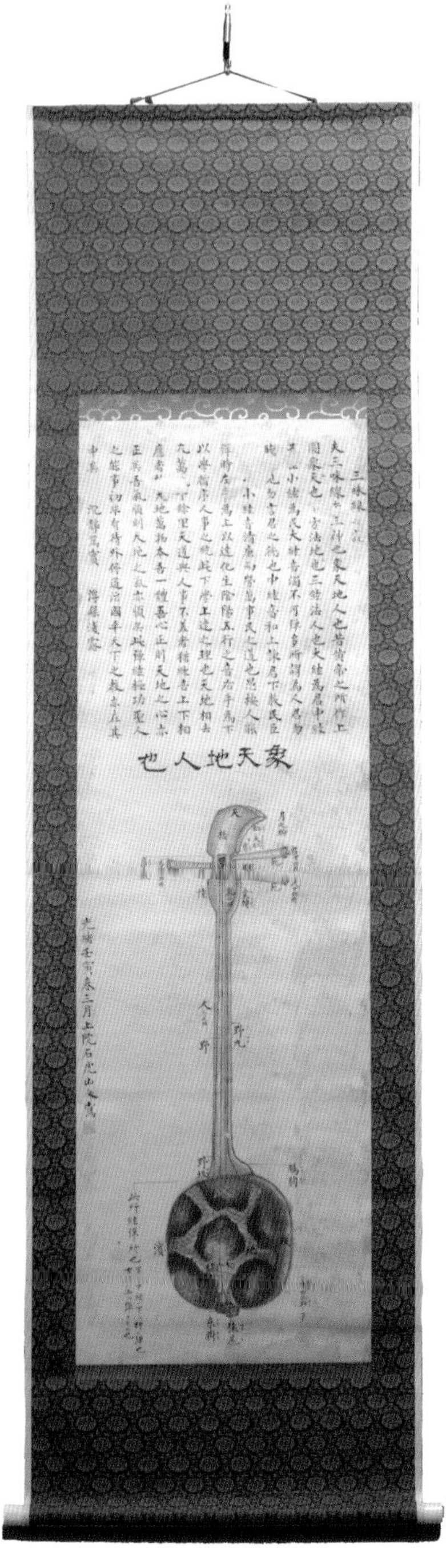

三味線之説（沖縄県立博物館・美術館所蔵）
掛軸装で、上段に「三味線之説」が記され、その下に「象天地人也」の文字と三線の図と名称が記されている。（本書114頁参照）

巻頭言

古三線蒐集家　東都如説山主　優慈院日雅

小衲が著者と初めて知り合ったのは二〇一〇年六月のことであった。私達はインターネットの物販上で知り合い、三線や琉球に纏わる情報交換しあう関係が数年の間続いた。しかしその数年の間に信頼関係、いや、三線文化を守り、後代に継承していく為に努力を惜しまない「同士」として、前世からのつながりを確信するようになった。

普段、年齢はお互い意識しないが、著者は小衲より十七歳も年下である。その若さと比例して、三線の為であれば海外にまで足を運ぶ熱情、探究心、向学心、好奇心を持ち合わせている。自身も楽器製作に携わり、古典や民謡を嗜み、箏を奏で、ギター奏者としての顔も持ち合わせるという実に多彩な才能を見せているのである。三線の神様が、今正に途絶えんとしている三線本来の意義というものを後代に伝える為に、現代沖縄に遣わした人物が著者ではないか。その畏友が今回、満を持して、今まで関わった三線を広く世に紹介する本を出版するという。この快事に居ても立っても居られず、この贅言を寄せることとなった。小衲所蔵の数点も掲載されている。一人でも多くの方々に普段は諸方に秘蔵されている古三線の世界を楽しんで頂けたらと希うものである。

令年夏　吉祥日

目次

V

私が出会った名器　143

Ⅵ 三線基礎知識　169

三味線の歴史

西暦一三七二年洪武五年壬子察度王世那覇久米村に唐人三十六姓が移住したとき色々な楽器が持ち込まれ其の一つ三味線から始まったと伝えられている。然し唐流型そのまま制作するのは禁じられ其の特徴からヒントを得てそして久場の葉の根骨を型どって出来たのが始まりで其の型が久場の骨と命名され三味線の始まりである。

それから時代が進むに従って名工が輩出して多くの型変りの三味線が出来たのである。

尚益、尚敬の頃真壁里之子と云う名工が出て此の人の作品が真壁型と命名され最も優れたうつくしい完成された名器とされている。

その頃王府には三味線奉行と云う役人が指定され出来上がった三味線は奉行所に提出して役人が審査の結果合格した三味線は高価で売れたと云う。

尚家の五開鐘も十三開鐘も奉行所の公認に依り命名された最高名器である。

昭和五十四年一月一日記

大村運月

大村運月著「三味線の歴史」(美巧堂印刷社、昭和 54 年)

増補版まえがき

原稿を書くためにに思いをめぐらせていると、過去に出会ったワクワクするような三線の楽しい思い出と共に、時に辛く苦しい思い出や、恩師との別れ等が思い出される。その当時の私は楽器に対する愛着が人一倍強かったが、その強い熱意が日々の暮らしを力強く生きていく上での支えになっていた。

私が知る三線職人の作家の中には、異常ともいえる製作への愛着を持っている者がいる。努力と愛情、そして執着。人はそれを見て気狂いという。しかし、人間の短い一生の間に最高傑作を少しでも残そうと、一つの三線の完成までに何年も歳月を費やす。そのような作品はあきらかに人智を超えて造られたのではないかと思うほどの魅力がある。それを見た愛弦家たちは圧倒され、その場で歓喜するのである。県内外の博物館、台湾の故宮博物館、中国やアジア、そして遠いアメリカやヨーロッパなど世界各地に何か不思議な力が宿ったとしか思えないような秘宝が保存されている。それらは先に述べた職人と同じく、どの時代の作家も「己」を忘れてしまうほど無我夢中に、そして異常なほどの執念を持って作品作りに人生を捧げたのではないだろうか。そう。私たちは魂を込めて造られた作品に魅せられた者達だ。大切なのは作品の出来の〝良し悪し〟ではない。どんな思いを込めて作られたのか。それを持つ者に、弾いていく者に、言葉を超えて伝わる確かな感覚の世界があるのだ。

この本は、三線に魅せられた私からの、ささやかながらの恩返しの気持ちである。魅せられてきたからこそ調べ考察し、想いを巡らせて記録し続けてきた。それをまとめあげたのがこの本ということになる。

「音楽」と「楽器」という言葉に共通する「楽」という字が表しているのは何か。そう、作家は思う存分楽しんで自由に作る。演奏家は思う存分魅せられて楽しむ。コレクターは惚れたものを所有し楽しむ。そう、「楽しむ」ということ！

これは古三線に魅せられたある男の記録である。これを読む人が、より三線を深く楽しむための一つの機会になればと、心から願うものである。

この度、本書が目出たく増版される運びとなった。実のところ、二〇二〇年の出版ギリギリまで、私は自分の名前は伏せて、どこぞの愛弦家の一つの「記録」として少数のマニアな人に楽しんで貰える書物になれば、という程度で考えていた。しかしボーダーインクの池宮様からのアドバイスもあり、私の「己」の著作としての出版のはこびとなった。

出版後、予想以上の反響で早くに在庫切れとなり、手に入らないとのことを耳にするようになり、また購入いただいた皆様からの直接のお手紙やご連絡があり、大きな励みになった。私自身、前回収録できなかった古三線のお話がいろいろあり、それらを「Ⅳ　古三線探訪」と「Ｖ　私が出会った名器たち」の後半に新たに加えての増補版として出版できることになったことを大変嬉しく思う。

前回同様、ご協力、ご鞭撻いただいた皆さまに心より御礼申し上げます。

I　古三線の魅力

はじめに

それはわたしが一八の夏だった。

その頃、愛知県で自動車整備の職についていた私は漠然と「早く沖縄に帰って三線音楽の勉強と製作の仕事に携わりたい」という強い欲求にかられていた。毎日毎日、部屋に戻るのは深夜二時。ある日、クタクタの私に聴こえてきたのは、テレビから流れる「島人の宝」だった。その瞬間、私は故郷に戻り、また三線を学びたいという強い要求がおさえられなくなった。気がつくと、私は愛知県から沖縄に戻るべく、奄美大島の叔父さんの形見の三線を手に帰郷する飛行機に乗っていた。

那覇空港着陸前、機内の窓から見えるエメラルド色の海はやけに輝いて見えた。

沖縄に帰った私は生まれ育ったコザに戻り、三線音楽の勉強を始めることになった。はじめに沖縄市中央パークアベニュー裏手にある三線屋の女将の紹介で、野村流古典音楽の大家に歌三線を教えてもらうこととなり、琉球文化に触れる喜びを噛みしめる日々が始まった。

そして、どうせ学ぶのなら三線の製作も学びたいと思い、宜野湾にある三味線店に飛び込んで、失礼と知りながら「三線の作り方の勉強をさせてください」と頭を下げた。しかし、店主に「鉛筆も研げない若造に何ができるか」と厳しく叱られた。もっともなことであるが、その悔しさが、もっと三線を深く知りたいという強い欲求へと変わっていた。

しばらくして天の巡り合わせか、うるま市の「津波三線店」が求人をしていると聞きつけ、直ぐにそこへ応募し、無事転がり込むことができた。そこで私の三線に対する情熱を買われ、三線の修理など、三線について一から学ぶことになった。

最初は簡単な糸巻きの取り付けや、三線の販売担当だったが、その頃の私には十分満足に値するものであった。この出会いのおかげで、私は今日このような形で本を書くこととなったのは間違いない。この場をお借りして店主にあらためて感謝したい。


そうやって私の三線探訪の日々は始まった。実は三線にこだわりを持ち、より深くその作りや構造を調べようと試みた多くの人がぶつかるものがある。それは戦後から現代の三線と、戦前までの古三線の構造の違いについてだ。

それは一種のミステリーであって、伝説化した情報だけを基に憶測され、根拠のないデータやさまざまな推理に溢れている。

もちろん私も謎の答えを知りたいと思い、その情報を求め、多くの論文や書籍、言い伝えなどを収集したが、そのどれもが疑問の残るものであった。

ある疑問から次の疑問へ、ヒモをたどるようにそれぞれが繋がりながら謎が解かれていき、自分だけでなく、多くの人にも納得してもらえる答えを導き出す必要がある。沖縄戦により歴史的文献の多くが失われ、残された情報の中から謎を解明するのは簡単なことではない。

私は沖縄県外にも出かけ、東京国立博物館や美術館、図書館に出向き、少しでも三線の手がかりになるものをとの想いで調べることにした。なぜなら、琉球の時代に中国とともに、日本との交流の中で多くの技法や文化の交換があったはずだからだ。

そこから得たヒントと、私の推測と疑問を照らし合わせ、私はある一つの結論にたどりついた。

三線修行のはじまり

沖縄ブームの中で

時代はＮＨＫの朝ドラ「ちゅらさん」で沖縄が脚光を浴び、その後のＢＥＧＩＮの「島人の宝」の大ヒットで沖縄が注目され始めた時期であった。伝統音楽である三線が飛ぶように全国へ出荷され、民謡スナックは連日満杯で、様々な新人ミュージシャンが世に出る民謡ブームとなっていた。

そして空前の三線ブームとなった。

その頃、私は三線店での修行のかたわら、学生の頃から親交のあった民謡歌手であり三線職人でもある人の元に出入りしていた。そして仕事が終わった後は、電気もガスも水道も通っていないプレハブ小屋にロウソクを立て、夜通し三線を弾き過ごす日々を送っていた。

この頃の生活は、朝から夕方まで三線の修理を行ない、空いた時間を利用して三線作りの勉強をする。仕事が終われば急いで図書館へ行き美術工芸を学び、夜はまた三線を弾く。時には老人ホームの演奏ボランティア活動にも参加し、エイサーの地謡、ラジオ収録放送などにも出演するなど、三線と共に過ごす毎日を送っていた。しかし、そんな生活が二年ほど経過したある時期から、何かがずれているように感じ始め、自分の行動にも疑問を持ち始めた。

沖縄ブームの中で沖縄が大きく取り上げられる喜びの反面、私の中で「もっと深い三線の世界があるのではないか？」という疑問が大きくなっていった。琉球が伝え続けた伝統音楽だからこそ、三線にはより奥深い何かがあるのではないか、その深い部分を学びたい。そう願った。

ブーム真っ只中のその先に、重要な課題が残されているのではないか。そう自問を繰り返す日々が始まり、私はその希望と不安が入り混じる葛藤の中、より三線に答えを求めていた。

昭和の名器「チャン小与那」

気分が晴れない毎日を過ごしていたある日、一人のお客さんが調整の依頼にお店にやってきた。今ではその方の名前も顔も思い出せないが、実はこのお客さんとの会話が、私の今後の方向を大きく左右するきっかけとなったのだった。

そのお客さんは真剣な表情で「相談があるのだが」と話し、「チャン小与那《グヮーユナー》を持っている人を知らないか？」と聞いてきた。

初めて聞いた名前だったので、逆に「それは何ですか？」と聞き返した。

すると彼は「俺も見たことがないのだが、昭和の名器らしいんだ。このチャン小与那がどうしても欲しいんだ。もし店にチャン小与那を持っている人が来たら俺に連絡をくれないか？」と言い、携帯番号を書いたメモを渡された。

お客さんのその真剣な表情からは、あらゆる手をつくしてでも手にしたいという強い思いと、もしかしたら発見できるかもという希望が垣間見えた。

結局、店でチャン小与那と出会うことはできず、お客さんに連絡を入れることもできなかったのだが、このことは私にとって大きな転機となった。世の現状や市場ばかりを見ていた自分の狭い世界から、まだ知らない三線の世界があるのだと知ることができた。私の冷え切ってしまいそうだった心に小さな光が灯されたように思う。それは小さな光であったが、今思うと大きな価値であったことに気づかされる。

あらためて、他者との何気ない出会いが、どれほど大切な機会をもたらすことがあるのかを教えていただいた。

その日から私は、県内のありとあらゆる博物館を見てまわった。

当時、首里にあった県立博物館へ足を運んだ際、かつて「開鐘《ケージョー》」と呼ばれた三線があり、今も戦火をくぐり抜けて保存されていることも知ることができた。その三線は博物館に展示されていたが、見てるだけでは満足しない性格が故に、ガラスケースに入った名器をこの手で触れてみたいという強い欲求だけが残された。どうにか直接触れてみる機会はないだろうかと頭を悩ませたのだ。それはどんな感触で、どんな木の香りで、どんな音色を奏でるのだろうかと毎夜想いを巡らせた。

そう願ってやまない私の思いが、あらたな三線への道を切り開いてくれたのだと思う。

三線研究の毎日

実はその機会は職場で既に与えられていたのだ。

毎日毎日、何丁と三線の修理がやってくる。それらは新しいものもあれば、名人作のもの、使い物にならないような変形したものであったり、来歴は不明だが「昔から家にあった」という古い三線まで来る。

私は思いを新たにそれらの三線に目を向けるようになった。そして持ち主のお客さんと三線の話をするようになった。すると、その会話から多くの三線の特徴を含めた、良し悪しを学ぶことができるようになっていった。

本当に良い音とはどんなものであるか、弾き手にとって一番のコンディションをどう調整するべきか、三線を家に持ち帰り、研究に没頭した。

いただいた給料のほとんどを使い、研究になると思うアイデアを試してみた。

その当時最新とされた録音機材を購入し、三線の音色を弾き比べ録音した。さらに、その音色の周波数をデータ化し、余韻の研究などにも当てた。

例えば、俗に言われている「三線の音色は棹《さお》で決まる」という説は本当かどうか検証もしてみた。一つのチーガ（皮の張られた胴）に作者別の棹を取り替えて弾き比べ、それを個別に録音していくという、今に思えば途方もない徹夜作業をしたものだった。

もちろんそれらはある程度聞き比べることは出来たし、目に見える形で成果は現れた。だが決定的な要素を掴むことはできなかった。

また「三線の音色は胴（ここでは皮の張り具合などをさす）で決まる」という意見がある。それは当然のことだ。本皮と人工皮とでは質も違うし、また張りの強さでも低音高音と差が出てくるわけだ。しかしそれを「良い音」「悪い音」と評価はできない。最終的には個人個人の好みである。

弾くものを魅了する音

ただ一つ、理論や議論を用いたとしても解決できないものがあった。それが、古三線の良き作品の中には「弾くものを惹きつけてやまない音色」を持っている点だ。

それは聴くものも魅了するが、何と言っても「弾くものこそ感じ取れる音色の魅力」を持っていた。昔から伝わる言葉に「三線は弾けてこそ良さが分かる」との伝えがあるが、そのことをよく表現した言葉であると思う。

今のように機械もない時代に作られたであろう三線。なぜそのような時代の作品に音色の良さが隠れているのか、非常に興味が湧いていた。

ある日、私は友人から一丁の古い三線を購入した。

彼は、特別三線が好きなわけでもなく、デートに使うお金がないから、と練習用で使用していた三線を売りたいというのだ。その三線は古く、外観はひどいもので、棹は割れており、皮も虫食いにあっていて、長い間雑に放置されたと分かるものだった。

材はどのようなものかと見たところ、黒木でも黒檀でもなく、ゆし木（イスノキ）でもない。紛れもない「ホーガーギー（雑木）」であった。

私は呆れ果てたが、友人を哀れに思い、その三線をいくらかで引き取る事にした。

翌日、引き取ったそのボロボロの三線を弾いてみると、驚いたことになんとも良い音が奏でられた。それは私が理想とする音色であり、これは作ろうと思って出せるものではないと判断できるものであった。

私はいたく気に入って、その後その三線をいろんなミュージシャンのレコーディングなどで使用したが、いつも素晴らしい威力を発揮していた。それは暖かく包み込むような深い音色で、棹の響く感触がなんとも言えず素晴らしいものだった。

確認した古三線の魅力

あるスタジオでの話。ある民謡演奏家と出会った。彼は自分の三線に納得がいってないと不満をこぼしていた。その彼は目の前にあった私のホーガーギー三線を手に取り、男弦から「合四　工」と空弾きをした。

「テーン…」たったその数秒で彼の表情が変わった。

「おい、胸がわさわさする。フトゥフトゥする。おい頼むからこれを俺に譲ってくれ。譲ってくれないならそのまま持って帰る」

と言い残し、持ち金をテーブルに叩きつけて、スタジオを逃げるように出て行ってしまった。あまりにも突然の出来事で、私は呆然としていた。

しかし、この一件で私は確信した。やはり人を虜にする古三線というのがあるのだと。自分の感覚だけで良いと思っていたのだが、それは違うのだと。三線を弾くものであればすぐに悟るほどの魅力があるのだと確信したのだった。

世間で言われる「黒木が一番良い」「ゆし木は二番日に良い」「皮は鱗目が大きなものが良い」「張りは強目に張るのが良い」……。そう言った常識をはるかに超えた「説明のできない」「形に表せない」魅力が確かにあると。

そう確信した私はますます古三線の魅力に取り憑かれたのだ。

今でもあのホーガーギー三線の音色が頭から離れない。

あの三線は「琉球村で弾かれているらしい」と聞いたことがあるが、今もあの演奏家は大事に抱えて、命尽きるまで愛着し続けていくだろう。

初めての名器との出会い（チャン小与那《グワーユナー》）

「チャン小与那」を探して

その頃の私は名器「チャン小与那《グワーユナー》」に会いたいと熱望していた。しかしどうすれば持ち主に出会えるのか、皆目見当もつかなかった。そのころは今のようにインターネットで簡単に検索できるものでもない。まさに地道に手探りで探すしかなかった。

毎日、一日の仕事が終わると、知り合いの三線の先生や仲間に聞いて回ったが、名前は知っているが、持っている人までは知らないという返事ばかりだった。ついには『ハローページ』をめくって、手がかりとなる人物の電話番号を調べ、直接交渉をして段取りをしたりもした。

そんな中、運よく、「チャン小与那」を持っているという人物の自宅へ伺えたこともあったが、どれもチャン小に似せた模造品らしきものや、明らかに年代物とは思えない作品ばかりであった。

私は確証を得るため「直接、チャン小に三線を作らせたという人に会って、話を伺いたい」

と思い、八方手を尽くした。しかし、チャン小にたどり着くことはできず、月日は過ぎていった。

そしてあきらめかけていた数年後、思いがけず出会いが訪れた。

それはある方（後に私の古典音楽の師匠となる方）からの「北谷の津波先生が三線を修理してほしいというが大丈夫か？」との連絡が始まりだった。早速北谷町の津波先生の稽古場へ訪れると、折しも稽古中だったので、工具を持っていた私はその隣で三線の修理を行なうことにした。

すると、それを見ていた花城さんという高齢のお方が「ヤーヤ上等業ソーッサー（あなたはいい腕をもっている）」と褒めてくれた。その時花城さんはすでに九〇歳は超えていたと思われるが、落ち着いた気品のあるウチナーロの語りの風格のある方だった。

私は「ありがとうございました」と礼をのべて、その場を後にしたのだが、その数日後に花城さんから直接電話があり、「ぜひ一度私の自宅へ来てくれ」と頼まれ、翌日向かうことになった。

花城さんのお宅で

花城さんの自宅へ伺うと、すぐに自慢の三線を見せていただいた。「あの棚から取ってくれ」

と頼まれ、その棚の扉を開くと、そこにはとても小ぶりな三線が飾られていた。

花城さんは言った。

「これがチャン小与那やさ」

こうして私は長年探していたチャン小にようやく会うことができたのだ。

それから花城さんは、ご自身のエピソードを丁寧に話してくれた。兵隊として激しい戦火の中を生きた青年時代は終戦と共に終わりを告げた。終戦の数年後に「前から習いたかった三線を学びたい」と思い、当時金武村（現金武町）の海岸沿いの道沿いにあった三線屋を訪ねた。そして、そこで八重山黒木（現在価格五〇万円相当）の角材を購入した。

そこの店主に「この材料を名人に誂《あつら》えさせたいのだが、どこが一番良いか？」と聞くと、「泡瀬のチャン小のところに行きなさい」と言われ、そのまま馬車に材料を乗せて泡瀬へと向かった。喜屋武朝盛こと「喜屋武三味線店」を訪ね「この木で三線を作ってください」とお願いすると「与那城がいいだろう」と言って預かってくれることになった。

花城青年は三線の完成を首を長くして待ったが、なかなか連絡はなく、およそ一年ほど経ったある日にようやく「完成した」と電話があった。

すぐに給料一ヶ月分ほどを持って店を訪れると、それはそれは良い三線に仕上がっていて、大変満足のいくものであった。そこで、代金を支払おうとすると、花城さんの年収・年分に相当する額（当時の公務員の給料一年分は、瓦屋の家一軒分に相当する額という）を提示された。花城さんは驚きのあまり言葉を失った。

「とても払えない。チャースガ（どうするか）」というと、「アンシェー（それでは）これは渡せない」と言われてしまった。花城さんは自宅へ戻って家族親族で会議をして相談すると、「そんなに三線が欲しいなら」とみんなでお金を出し合ってくれた。

そうして、ようやく「チャン小与那」を無事購入できたのだよと話してくれた。

チャン小与那の芯の部分
（花城家所有）

チャン小与那を弾いてみる

話が終わると花城さんは「ウリ（ほら）」と三線を私に差し出して「弾いてごらん」と言ってくれた。

少々荒い作りのその小ぶりな三線は、花城さんがずっと大事にして来られて愛情が注がれているせいか、とても手に馴染み良い音色を奏でた。年代物のため、多少棹に動きが見られたが、そんなことは問題ではなかった。

私はしばらくテンテンと爪弾いていたが、気がつくと花城さんが泣いていた。久しぶりに三線の思い出を語って想いがよみがえってきたのだろうか。

そうなのか。この小ぶりな三線には花城さんの青春時代の思い出、戦世の時代、戦後復興を生きた花城さんの人生の全てが詰まっているのだ。

物言わぬ小ぶりな古い三線。しかし、そこには多くの物語、いろいろな人の生き様や思いが込められている。どれほどの年数なのか想像もつかない古い材料に、戦前戦後を生き抜いた職人、そしてそれを手にした持ち主。それぞれの想いが、今も一つの古三線の中に生きていることを、その三線から教えられた気がした。

泣きながら三線を弾いている花城さんを後に、私は深く頭を下げ、込み上げる想いを胸にご自宅を後にした。

名器にまつわる物語

名器の数々

チャン小与那の持ち主である花城さんの涙を見て胸を打たれた私は、以前にも増して「三線」に向き合う必要性を感じた。骨董品、珍しい物、そんな趣味の領域を超えた想いが三線に込められている。その真意を知りたいと願ったのだ。

その後、私は直接交渉を繰り返し、「翁長開鐘」「西平開鐘」「屋良崎開鐘」「平安座ハッタラー」など、沖縄を代表する名器中の名器を実際に手にして、鑑賞させていただくことができた。どの持ち主にも最初は「どこの誰かわからない人に見せられない」と断られたが、何度か連絡をするうちに「そこまでいうなら」とお許しをいただき、見せていただいた。

実際に鑑賞しただけでなく、いろんな方から名器にまつわるお話を聞かせていただいた。所有者の皆様には心よりお礼申し上げたい。

三線を大事にする心

翁長開鐘の現所有者の父の話である。その頃、その方は　平安座島に住んでいたという。ある日誰かが冗談で「津波がやってくる‼」と村中に叫んでいたところ、それを聞くなり、とっさに翁長開鐘を抱いて、丘をめがけて一目散に走って逃げていたという。

戦前には、三線が弾けると、村のシージャ（先輩）に呼ばれて、毛遊び（モウアシビ：若い男女が集まって野原で歌い踊り遊ぶ風習）するから三線を弾いてくれとお願いされたという話を聞くことができた。その方の話では場所は現在の北中城のゴルフ場（現在はイオンモール沖縄ライカム）の方で、月明かりの晩に弾きに行った。昔はあの辺りは森で、諸見里の方でも毛遊びが行われていた。得意の歌はカイサレーで、彼が弾きだすとみんなが手拍子をしてすぐに踊った。とても良い光景だったという。毛遊びが終わった翌日は先輩が訪ねてきて、ありがとうと言って手間賃五円をくれた。

西平開鐘の所有者は、自分がこの三線の購入に至ったのは「名器三線は無理をしてでも買いなさい。そして後世の人々のために提示する機会には惜しみなく協力しなさい」と父に言われていたからだと話してくれた。

ある時、登川誠仁先生率いる登川流のお披露目会が行われ、私も参加した。楽屋や通路は出演者でいっぱいで、参加者の小学生たちが三線を通路側の床に置いて遊んでるところに、照屋政雄氏が通りかかり、床に置いてある三線を見て強く注意していた。

「三線は床に置いてはいけない！　気をつけなさい！」

後に照屋氏にその話をすると「私が小さい頃は、『三線のカラクイ（糸巻き）を折ったら腕を折るぞ』と叱られたものだよ。そのぐらい私たち先輩は三線を大事にしたのだ」と教えていただいた。

戦火をくぐりぬけた三線たち

その後、古典音楽の先生の紹介も経て、できる限り多くの方からの証言を記録に残したいと思った。これらの三線がいかにあの戦争をくぐり抜け、戦の世の時代を生き抜いてきたのか、どのようにして先人たちは難を逃れてきたのか。

いくさが激しくなる前に、庭の地面に隠したり、民家や豚小屋の屋根裏に隠したり、お墓に隠したりしたという。しかしその多くが爆破により焼失してしまった。

また、本土や海外へ家宝の三線を持ち出したことで難を逃れたという話も多く聞いていた。生き残った三線がどのようにして発見されたか、私は三線愛好家の先輩方から多くの秘話を聞くことができた。そのエピソードを次にご紹介させていただく。

戦時中は三線を紐でくくって、それを背中に結んで逃げていた人、屋敷の屋根裏に吊るして隠した者、土の中や自然壕、またはお墓に隠した者がいるという。自分の命も危ういいくさの恐怖。その恐怖に押しつぶされそうな最中にも、なぜ三線の無事を願ったのだろうか。

私たち先祖にとって「三線」とはなんだったのか。何度も何度も「三線」という存在に疑問を持った。明らかに現代に生きる私には想像もつかないほどの強い故郷愛、祖先愛、そして三線への愛があり、そのスピリットを学ぶ必要があると感じるようになった。

戦時中、一七歳だったある方の強く記憶に残っている出来事を聞いた。それは、戦闘中の南部戦線真っ只中で、ふんどし一丁の身なりで、背に三線の棹だけを巻いて逃げている方を見たという話であった。

その後、その方の部隊は米軍に追われ、沖縄本島最西端の喜屋武岬に追い詰められた。部隊の皆で手榴弾を片手に自害しようと話していると、日本軍の隊長に「君たちは島の人間だ。故郷で亡くなってはいけない。崖下に逃げなさい」と言われ、彼らは崖下に移動した。すると崖の上でドーンと大きな手榴弾の爆発音が響いた。

「あの三線を背負って逃げていた方も、人情のある日本軍の隊長も、その後二度と会うことはなかった」

無縁墓の中の三線 その1

戦後復興期には道路拡張や基地整備のため、多くの無縁墓が取り壊されたという。当時作業員をしていたYさんの話である。ある小さなお墓が取り壊される前に中を調べたところ、この世で見たこともない美しい真壁型の三線が一丁隠されていたのを発見した。これは戦火をくぐり抜けた物だと拝み、家に持ち帰り大事に保管した。

その話を噂で聞いたのか、一人の老人が訪ねてきた。老人はこの三線をどうしても譲ってほしいという。しかし「こんなに素晴らしい三線は売るわけには行かない」と断ると老人は、「売るまで帰らない」と言って玄関前に座り続けた。

無視をしていたが翌日も翌々日も座り込みに来ていたので、これは仕方ないと諦めて「売るのではない。貸すのですよ」と手渡した。

数年後、三線を返してもらうために老人の家を訪ねると、老人は体調を悪くし寝たきりになっていた。驚いたことに言葉も喋れず病に苦しんでいるというのに、ずっと三線を抱っこしていたので、さすがに返してくれとは言えずあきらめて帰宅したという。

今では楽器店や三線店に行けば三線は買える。飲食店や飲み屋でも歌三線は耳にする。インターネットでも買える時代。三線を気軽な習い事として始められる便利な時代である。

しかし私たちにとっては、もはや三線は単に「楽器」という存在だけでは説明のできない存在。琉球の宝であり先祖そのものであり、郷土への信仰を象った存在だと思わざるを得ないのだ。

無縁墓の中の三線 その2

終戦後、嘉手納飛行場を拡大するというので、軍作業に駆り出された方の話。そこで古い亀甲墓を壊さないといけなかった。すでに無縁仏ではあったものの、どうしたら良いものかとしばらく悩んでいたが「仕方ない。開けて中を確認しよう」ということになった。

おそるおそる中を覗くと、先に入っていた人から「おーい」と大きな声で呼ばれた。「何か」と尋ねると、「デージナトーン。ウヤファーフジヌイッチョーン（大変だ、ご先祖様が入っている）」と言う。急いで中を見てみると、ジーシガーミ（厨子甕）が置かれていた。そしてそのそばにこれまで見たことがないほど美しい名器の真壁三線が入っているのを見つけた。

「恐る恐る手に取ったよ。私はそれまでたくさんの三線を見てきたつもりだったが、あれほど美しい真壁は見たことがなかった」

その美しさにしばらく見入っていると、周りの作業員が「これはもう無縁墓だし、子孫も死んでしまったのかもしれない。生きていたら先祖の墓だからそのままにするはずがないだろう。これは仏からのご縁だと思ってあなたが預かっておくのが良いじゃないか」と強く勧めてくれたので、ありがたくその三線を引き取ることにしたという。

それからずっと家宝のようにその三線を持っていたが、本土復帰（一九七二年）前に長男の進学のため、どうしてもまとまったお金が必要となり、そこで前々からこの三線が欲しいと言っていた北海道の人に売ってしまった。

それから何年も後になって、ある程度お金ができたので、電話して「買い戻せないか？」と持ちかけたが強く断られた。その後も何度か交渉したがダメで諦めた。今も気になるが、もうすでにこの方も亡くなってしまい、三線の行方ももう分からない。

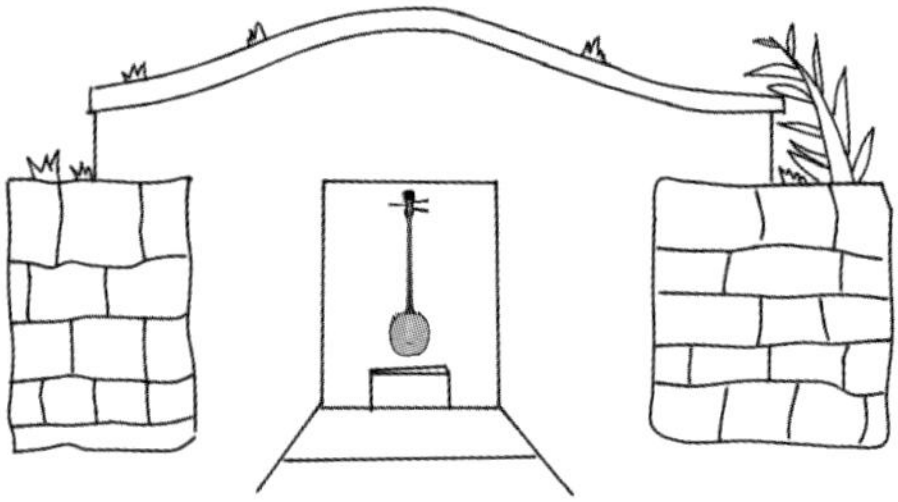

戦時中、お墓の中に大事な三線をかくしていた人も多かったという。

「生きるか死ぬか」の瀬戸際に立っても、三線を守ろうとした祖先たち。私はもっとそのスピリットを追求したい、勉強しなければならないとの想いに駆られた。わずかな時間でもあれば情報を収集し、探訪をして回った。

そこから更に、三線の解明されていない謎や作りについて調べていくことにした。

II　古三線の謎にせまる

三線の型にまつわる秘密

「平仲知念」の謎

多くの作品やいわれを詳しく調べたいと考えた私は、名器三線や昔から伝わる三線の所有者の協力を得て、三線の研究者の先生方からの情報なども教えてもらったり、直接伺ってお話を聞かせていただいた。

そこで最初に疑問に思ったのは、「平仲知念《ひらなかちねん》」という型についてだった。それは戦前と戦後でその定義が違っているのだ。三線の型というのは、それを生み出した名工の名前がつけられていると言われている。平仲知念は知念大工に属する平仲の作だと言われている。

その平仲知念の特徴は「三線の天部中央に角が真っ直ぐに伸びて、その左右が平たく広がったものだ」と教えられてきた。しかし、古三線として伝わっている平仲知念は、天部にやや山形に盛り上がった形状のものとされている。

では、現在言われている「角のある平仲知念」は、戦前には無かったのだろうか？

終戦後一九五八年に出版された池宮喜輝著『琉球三味線宝鑑』の中にも「平仲知念」が掲載されている。

本書は沖縄、日本、アメリカ、ハワイ、ペルー等、戦前作の三線を調査して掲載された本であり、多くの三線が紹介されている。その中でも平仲知念は多く紹介されているが、そのどれにも天部の角は「ない」のだ。しかし戦後しばらくして県指定された平仲知念は「角が真っ直ぐに伸びて、その左右が平たく広がった」ものとなっている。その所有者は前著の著者である池宮喜輝となっており、その後それが平仲知念として世に広まったのではないかと推測される。

平成七年に発行された県教育委員会編著、沖縄県文化財調査報告書『沖縄の三線　歴史資料調査報告書Ⅶ』においては、「平仲知念」は全て角が立った平たいものが紹介されている。

つまり『琉球三味線宝鑑』と『沖縄の三線』、この二つの本の「平仲知念」の認識が大きく相違することがはっきりしている。では「平仲知念は戦後作られたもので、昔は型として存在しなかったのか？」という疑問が湧いてくる。

那覇市識名の湖城氏は「角が立った平たく広がった平仲知念を一度だけこの目で見たことがある」と証言してくれた。このことから、昔からこだわりの強い職人の創作物として存在していたが、正式に三線の型として世に認められていなかったと推測される。

それを戦後になって「戦前作の珍しい型の一つ」として、現在知られている「平仲知念」が県指定として推薦されたのではないだろうか。このことから「失われた多くの作品を後世に残しておきたい」という三線への愛情が感じられる。

「平仲知念」だけではない。戦前は「南風原真壁」という型も存在していたのだが、沖縄の秘宝は戦とともに焼失してしまったものも多い。

しかし数ある沖縄関係の書物を調べても、私が知りたい情報はほとんど見つけることはできなかった。戦争という大きな影響を受け、後世に受け継がれることができなかったという悲しい現実。それを失くしてしまったからと言って、立ち止まっているだけで良いのだろうか。さまざまな「なぜ」という疑問に対し、現代人である私たちが今一度何もしないのは勿体無い。どうにか前進することはできないだろうか。

そう探求すると心に決めて、数ある三線の作りに関する疑問から調査していくことにした。一つひとつ紐解いていくと、そこには予想を上回る琉球人の情熱とスピリットが隠されていたのだった。

古三線の寸法の謎

戦前の三線の野長

まず、古三線の謎の一つに上げられる「寸法」について考えてみる。

古三線は現代の三線よりも全体的に小ぶりであるが、特に議論の多いのが「野長」と呼ばれる部分である。

上の図のように、戦後作られた三線の野長の多くが「一尺五寸八分」に対し、戦前作の三線の野長は数分単位で短いものが多い。ではなぜ戦後作の長さが「一尺五寸八分」となったのか。

それは三線製作に用いられる「指矩《さしがね》」に関係がある。戦後の三線製作に使用される指矩に、長手部分が一尺五寸八分のものが多用されたという歴史があることを、

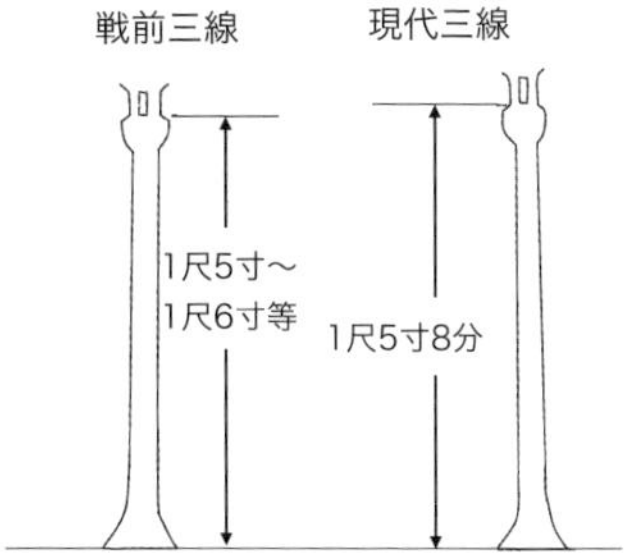

＊野長とは三線の棹の歌口から野坂までの長さ。

図　戦前と現代の野長の長さ比較

戦前生まれの職人さんから教えていただいたことがある。それで自然に三線の野長を測る際には、指矩の長手の長さが基準になったとされている。そのため「野長の短いものは戦前作、一尺五寸八分の長さのものは戦後作」という認識になっていったのだと思われる。

しかし実際に多くの戦前三線の野長を調べてみると分かるが、一尺五寸八分よりも短いものが多いが、一尺六寸以上と寸法の長いものもある。それは各型で定められたものでなく、作品によって短いものもあれば長いものもあり一貫性がない。よって、「戦前の三線は野長が短い」と断言することは難しいと言える。

野長の長さと余韻

音色の余韻作りのために野長の長さを変えていたという説がある。それを検討するために現代三線の野長の長さを「一尺五寸八分」、戦前三線の野長を「一尺五寸六分」と仮定してみる。一分の長さはミリに変換すると「三・三三ミリ」なので、八分－六分＝二分は六・六六ミリとなる。つまり、仮定した現代三線と戦前三線の野長の差は「六・六六ミリ」ということだ。果たしてこの六・六六ミリの差で余韻の長さに変化が見られるかどうか、テストしてみた。

それぞれ野長の違う棹三本を準備し、同じ胴を用いて順番に組み立て、録音を行った。開放弦「合　四　工」を可能な限り同じ強さで爪弾き、その音の余韻を波形データで細かく確かめた。一尺五寸八分、一尺五寸六分、一尺五寸四分。それぞれ同じ条件で録音したが、結果はどれも変化は見られなかった。

人間の耳だけの感じ方だと、個人個人で様々な違いが出てしまうことを考慮し、音のデータで見られるように確認したのだが、何度も録音しデータを拡大して確認を試みたが、残念ながら「0・0秒単位」の変化も違いもないことがはっきりと出た。

また、元々の南国気質で大雑把な性質の琉球人が、数分や厘の単位で細かく意識して音色作りに励んでいたとは思えなかった。メジャーや物差しが満足になく、貧しさや時代の波の浮き沈みのあったであろう時代に、一体どうしてミリ単位で音の余韻を測ろうなどできただろうか。

そう考えると野長の長さと余韻は関係がないような気がする。

私が考える三線の野長の秘密

ではなぜ昔は三線の長さがそれぞれ違ったのか。

皆さんは小学校の授業で「身体尺」というのを習った覚えはないだろうか。昔から使われていた測定方法で、人体を使って物の長さを測っていたというもの。身長、腕の長さ、手の幅、足の大きさ等で物の長さを測ったり、数を決めていたりした。中でもよく使われていたのが「手」「腕」であり、それを使った数えや単位法が日常で見られていた。そのことを思い出した私は、当時の琉球人の身長から三線の長さの手がかりがわかるのではと思い調べてみることにした。

身長がわかるもの、それは琉球人の人骨が記載されているものが有力と考えた。

私は『重要文化財　玉陵復元修理工事報告書』を手にして調べてみた。この報告書の中で、琉球時代の尚清王の身長が約一五五センチ、第二尚氏王統王妃の身長が約一四四・八センチだったことがわかっている。それを基に琉球時代の平均身長を考えてみた。

ここで身体尺の話に戻ろう。

平均一五〇センチ前後の身体の「肩から手首までの腕の長さ」が約四六・五センチ。四六・五センチを尺に置き換えてみると、約一尺五寸五分前後に当てはまる。そう。三線の「野長」のおよその長さそのものと考えてもおかしくないのだ。

ここで次の仮説を立てる。

「琉球時代　三線奉行達はその製作に職人自身、又は演奏者の身体を使って長さを測り、三線作りを行っていた」

天から野長の長さも「手のひら」「腕の長さ」を基準に製作を行っていたのなら、現在残された作品、それぞれの長さが若干変わる理由も十分に納得できる。物によって短さや長さが変わる。太さや細さが変わる。男性のように凛々しいものもあれば、女性らしい華奢なものもある。その一つひとつが弾き手や作り手の生き写しに他ならないのだと、私は考える。

「久場春殿《くばしゅんどぅん》」という太く大型の三線がある。

言い伝えによると、着物の袖に棹を隠し、武器としても使用されたと言われているが、これも身体（腕）の長さに合わせて作られたと考えれば納得できる。冊封使が残した文献には、「琉球人は着物の中に物を納めて歩く」とあるため、「久場春殿」による言い伝えは納得いくものがある。

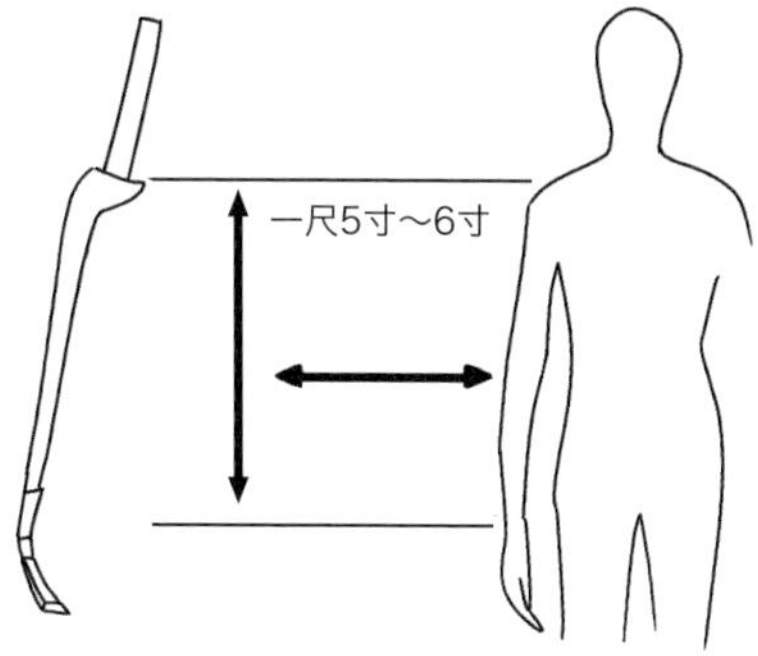
一尺5寸～6寸
当時の琉球人の平均身長とあてはまる

図　肩から手首までの腕の長さ

王朝時代、王に献上し認められたとされる「開鐘三線」。もしも当時の職人が、王やお侍方の身体の長さを基に三線を製作していたとしたら、そう考えると、歴史的な三線の一つひとつが「現代に生きる琉球人」に思えてくる。

型が表すメッセージ

三線の形の謎

寸法以外にも、一つひとつ疑問を解決していく必要があった。

生まれてこれまでずっと見続けてきた三線の形だ　なぜこのような形なのか？　なぜ顔の作りや曲がりといった表現がなされているのだろうか。

多くの先輩方に尋ねてみたが、答えられる人はなく、回答があっても「昔からこうだった」、「中国から伝わって少しずつ変化した」というもので、納得のいくものではなかった。

三線が中国から伝わったという歴史は知っていた事だが、大きさや形状までかなり変化している。理由がなければそれほど大きく変化する必要はなかったのではないか。ではその理由とはなにか。

ふと、ある言い伝えを思い出した。

「三線の型で一番太い久場春殿型は、王朝時代は武器としても使用された」というエピソードだ。

楽器を武器にするだろうか？　と信じがたい話であったが、なぜかそれが気にかかった。

それ以来、武器と連想するものを片っ端から調べた。「床の間に飾るのは三線」と定着した沖縄だが、本土では「刀」を飾る習慣もある。

そこで私は刀について調べてみようと思った。

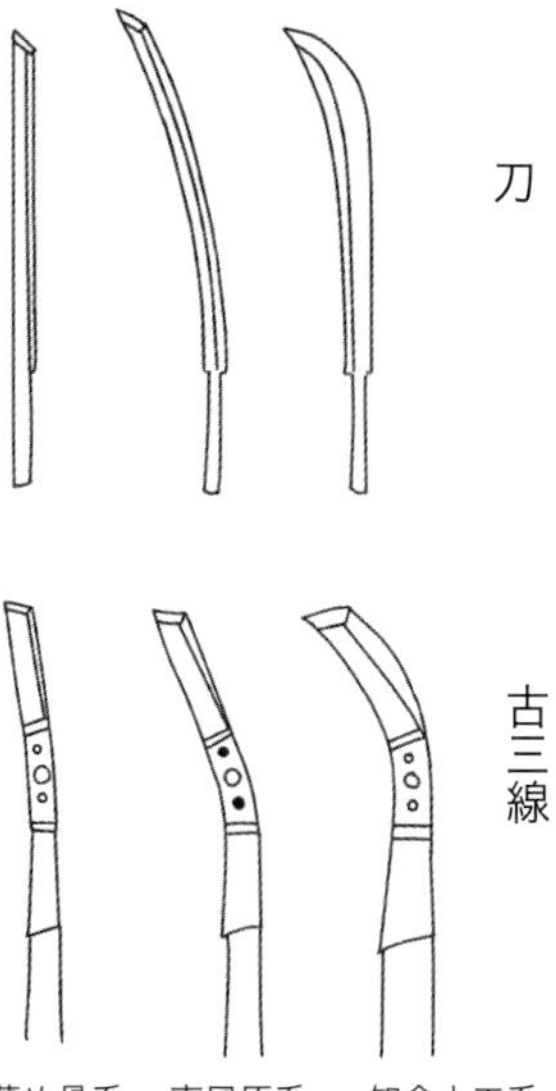

図　古三線と刀の比較

「三線」と「刀」の比較

ここで三線と刀を比較した上の図をご覧いただきたい。

三線と刀は全く関連がないと思う方が大半だと思う。しかしそこに、先人たちの残したヒントがたくさんあることに気づいた。

なんと面白いことに、三線の側面と刀の曲線にリンクする部分がある。

さらに重要なのが、そのどれもが名器と呼ばれる王朝三線、戦前作の古い名器や作品に共通して見られることだ。

次に三線の天の側面を見てみよう。現代三線は虹の輪部分（上図注1）がまっすぐなのに対し、古い名器三線の中には、凹みや角度をつけて曲線をえがいているものが多い。これは刀の切先部分の鋭さを表現しようとした興味深い類似点が見られる。

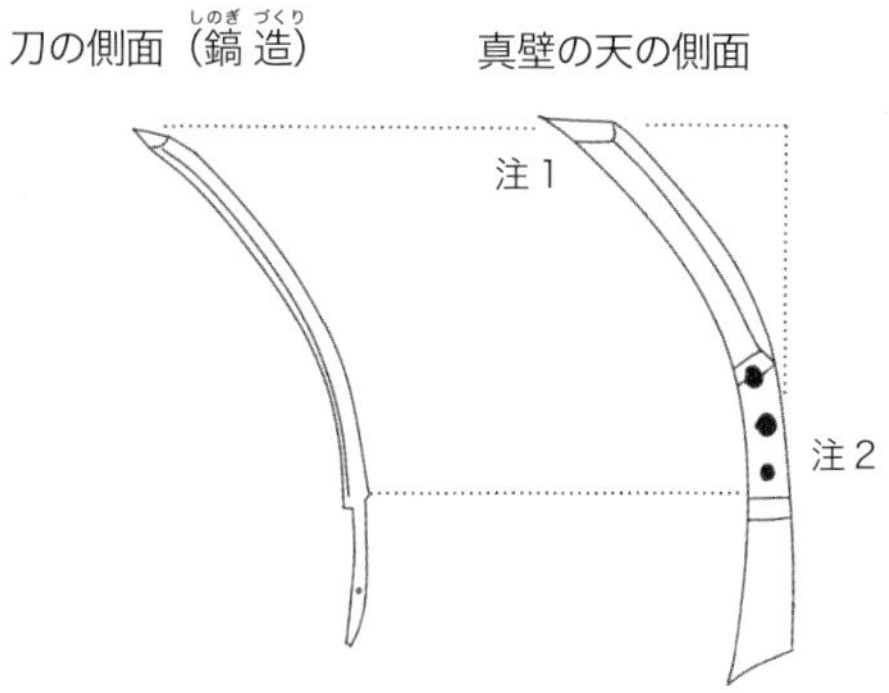

図　真壁型と刀の側面

その角度がわかりやすく表現されたものに「南風原型」「知念大工型」「真壁型」がある。

また上図注2のように、戦前三線の真壁型は男弦～中弦の間から曲線が始まる工夫がほどこされている。それは刀の「鎬造」や「腰反り」のような美しい反りを、出来る限り表現しようとした名人達の工夫と見て取れるのではないだろうか。

それに気づいた時、私は大きな感動と共に、琉球人のユニークさと熱い武士道の精神に心打たれた。なぜなら琉球の「武器を使わない」思想が、三線という楽器に表現されているのだから。

武器のない国・琉球

かのナポレオンは「武器のない琉球」に驚いたという。一八一六年に琉球を訪れたイギリスの軍人バジル・ホールがナポレオンに「琉球には武器がない」と報告したと伝えられている。

琉球では第二尚氏三代尚真王期（一四六五〜一五二七）に刀狩りが実行され、新しい国作りの政策が行われていた。

十三世紀末期に中国（元）から伝わった「三絃」を基に、琉球は独自の三線として発展させたと言われている。私は三線発展の裏には「武士道」があると考えた。武士たちは「刀」の代わりに「三線」にその武士道を込めて、「刀の如く」名刀を打つ職人のように打ち込んだのではないか。

三線職人が「三線工」ではなく「三線打ち」と呼ばれたのは、そこから来たのではないだろうか。

幾度となく繰り返された戦い。戦を終わらせ、平和な世を作ろうという取り組み。刀への憧れ　武道、美的価値観、芸術、芸能、精神の向上、仏教、思想……、当時の琉球王国の想いと願い。その全てを楽器である「三線」に封じたのではないかと推測した。

しかし、強い改革への想いなくして、戦の道具である刀を「楽器」に変えるなど、簡単に成せる時代ではなかっただろう。その時点ではまだ半信半疑の推測の域を出なかったが、さらに詳しく分析していくに従い、その思いは推測ではなく確信に変わっていった。

芯に残るヤスリ跡の秘密

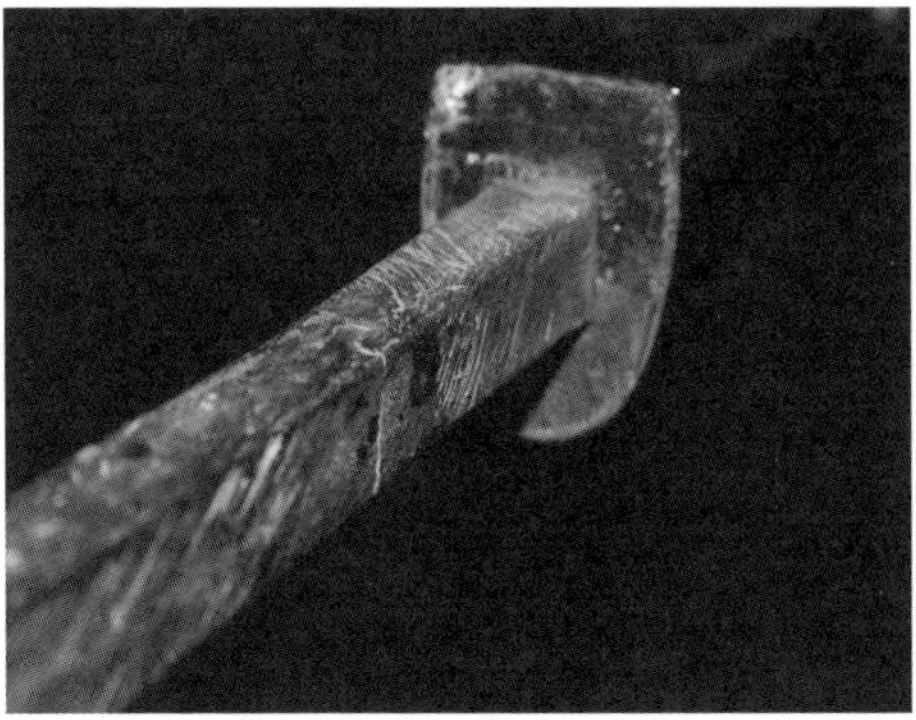
ヤスリ目が残された古三線の芯

「ヤスリ目」は意図的に残された？
古い三線の芯の部分には「ヤスリ目」がくっきりと残されているものが多く見られる。
私が三線の勉強を始めた頃に、先輩方に「なんで古い三線にはこんなにもヤスリの跡があるんですか？」と聞くと「昔は道具があまりない時代だからだ」と教えられた。
つまり昔は「道具が充実していなかった」という説である。もちろん私もそうだと思っていた。今の時代では電動の機械を使用するが、道具のない時代は鋸で材料を伐採し、荒わきし、少しずつ少しずつ仕上げていく。考えるだけで気の遠くなるような工程だ。一丁を作るだけで相当な苦労だったのだから、胴で隠れてしまう芯を丁寧に仕上げている暇などなかったはず。そう思った。しかし、古くから伝わる三線を調べていくうちに「果たして本当に道具がなかったからなのか？」と疑問が湧いてきた。

もちろん、道具が豊富にないために荒作りを余儀なくされた造り手もいただろう。しかし、なぜ「開鐘」として王から選ばれた三線までもヤスリ跡が残っているのかという疑問が残る。

幸運にも本物の開鐘を手に取り、胴を抜かせていただき、芯を拝見する機会があった。その多くに「ヤスリ跡」が濃く残っていたが、それを見ていると「わざと理由があって」またはは「意図的に」残したものではないかと感じた。

私がそう思ったのは次のような点だ。

①道具がなかったという理由であれば、そこまで濃くヤスリ跡を残す必要があるだろうか。

②残し方が複雑で一貫性がないが、物によっては直線の溝を入れていたり、芯の中央辺りに向かって厚さが絞られているものもある。

そして一番の疑問が次の点だ。

③なぜ芯以外の部分には「ヤスリ跡」が残っていないのか？

道具がないのであれば、芯以外の部分にもヤスリ跡は残っているはず。

「ヤスリ目」と音色は関係あるのか？

この芯のヤスリ跡に関して時々耳にするのが、「ヤスリ目を入れて工夫することで音色が変化する」という説だ。つまり琉球国の名工達は音色や余韻の研究をし、芯をあえて荒く削ったり形状や幅を変えることで、音の振動などに変化をさせたというものだ。

そこで実際に実験を行い、真壁型の三線を用いて芯幅七分のものを準備して、芯にヤスリ跡を様々な方向に入れたり、中心部を絞ったりしながら、芯の加工した後の複数のデータの確認を行った。

しかし、芯を荒くして削っても、太さや細さを変化させたとしても、実際は細かな変化も見られなかった。それは人間の耳、感性、またはデジタルの波形でも変化は見られなかった。私以外の複数の方にも試聴していただいたが、残念ながらどれも同じ反応だった。

霊的メッセージ説

そしてこのヤスリ目がノロ、ユタなどからの霊的なメッセージや意味をもつという説もある。

三線の作りや芯の複雑なヤスリ目が解読不能のため、このような説が一部で広まったと思われる。

宇宙の広がりの中に、三線を解読する試みは確かに魅力的だ。しかしいくつかの論文なども読ませていただいたが、半ば強引とも受け取れる解説や内容ばかりで、どれも納得のいくものではなかった。

再び武道の視点から

答えが見つからず模索する中、ある日、知り合いの武道の師範の方から、「古い短剣が来沖したが、見にくるかね？」と連絡があった。古い時代の短剣を実際に見る機会などないと思い、二つ返事で行くことにした。

その会場で、師範は刀の柄部分を丁寧に抜き取り、私に見せてくれた。その刀の茎が見えた時、私は驚きのあまりじっと鑑賞していることができなくなった。頭の中は三線のことでぐるぐる回り出した。

なんと、刀の茎はまさに古三線の「芯」の作りそのものだと気付いたからだ。

刀の茎も三線と同じく歪んだ形状を持ち、個性のあるヤスリ目が残っている。そのヤスリの入れ方なども「古三線」の芯の作りそのものであった。

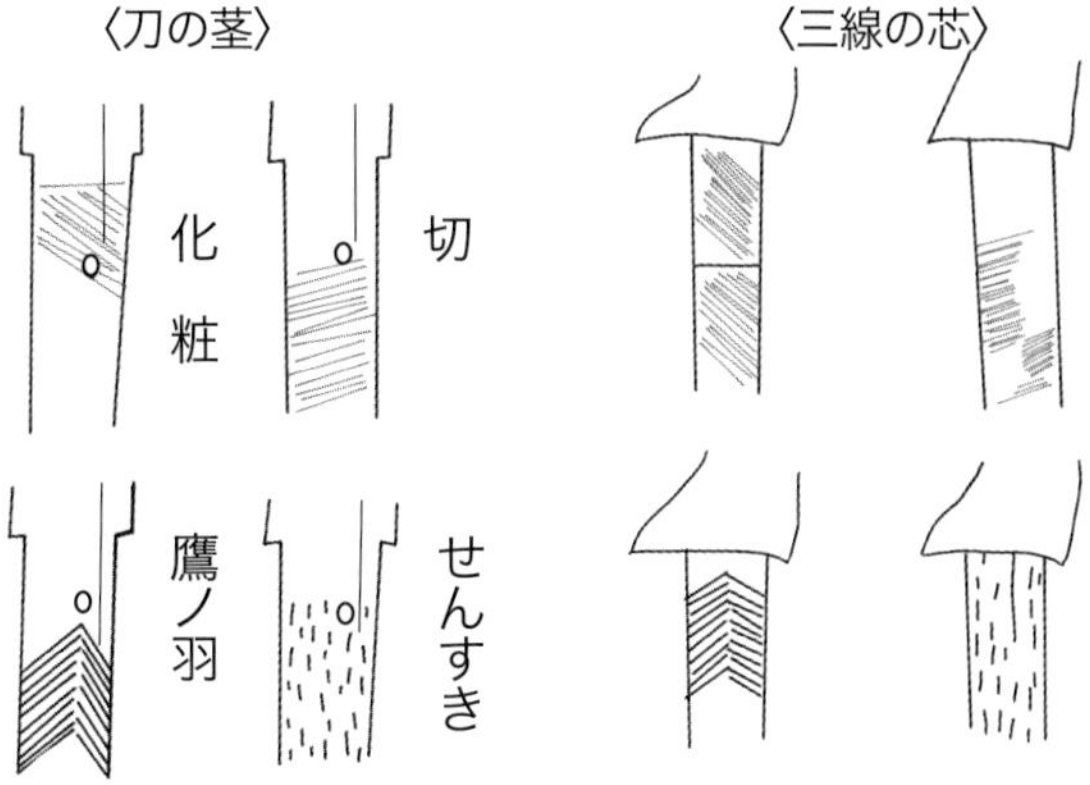

図　刀の茎のヤスリ跡と三線の芯のヤスリ跡の比較

刀にとってヤスリ目の役割は、ザラザラとさせて滑りにくくし、柄から茎が抜けるのを防ぐ意味があるが、三線にとってはどのような意味があるのだろうか。

そう、前項の「型が表すメッセージ」で触れた「琉球人の刀への想い」である。

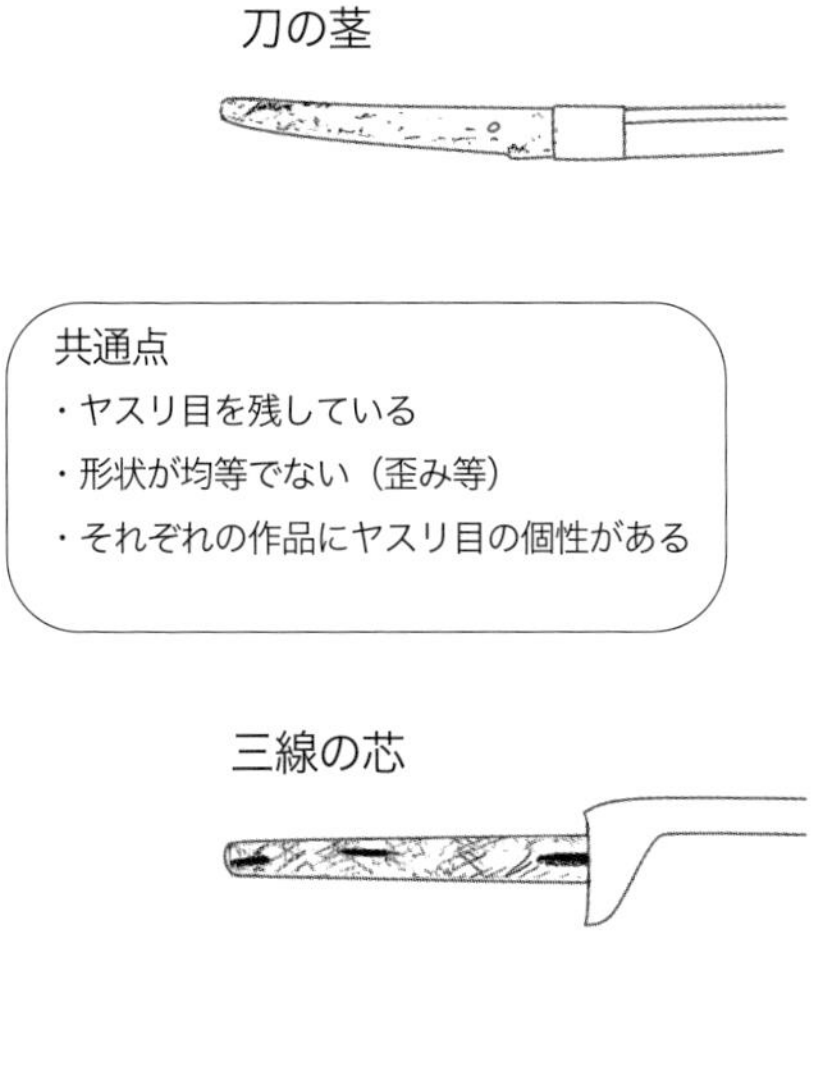

図　刀の茎と三線の芯の共通点

芯にヤスリ目を残すことに実用的な意味はない。それはまさに刀への憧れから、芯を茎に似せて作ろうという三線打ちの工夫や思想を表しているに違いない。
刀の茎のヤスリ目には、平行にかけられたもの、傾斜にかけられたもの、複雑に入ったもの等、その手法にいくつかの種類があることがわかっているが、古三線のヤスリ目にもこれと同じ類似点が数多く確認できるのは言うまでもない。
果たしてここまで類似しているのだから、偶然の一致とかたづける事はできない。

中村完爾先生による三線話

「琉球の三味線には、棹の心や胴に、細かく、或は荒く、のみが入れられています。芯に円い穴を打ち抜いたもの、胴に文字様の彫刻をしたものがあります。何故鉋でけずって滑らかにしなかったのか、何の必要があってのみを入れて、彫刻を施したか…」

中村完爾著『琉球音楽夜話』（野村流古典音楽保存会　昭和四十五年）より

三つの芯穴の謎

次は芯穴の謎にせまってみる。「江戸与那城型」に代表される古三線には「芯の三つの穴」が確認できる。この穴についても多くの推測が挙げられているが、未だ確証には至っていない。その代表的なものを、ここで紹介しながら検証を行なってみる。

①江戸上りに行った回数説

「江戸与那城型」は、琉球の使節達が薩摩藩に従って江戸上りし、江戸城や薩摩藩江戸屋敷で披露された「御座楽」の際、用いられた三線と伝えられている。この三線の芯に穴三つが空いていることから、この芯穴は「琉球から江戸上りに行った回数」ではないかと言われている。

しかし、使節の江戸上りは一六三四年から始まり計十八回行われたとされている。そのため芯穴の三つを「江戸に行った回数」と考えるのは極めて困難だとわかる。

②極秘の書を穴に入れて隠した説

これも一般に広く知られた説であるが、実際に文書を丁寧に丸めて穴に入れてみればおわかりだと思う。到底無理なのだ。もしそうだと仮定しても、それほどのミニサイズの書を丸めて、大事な文書を入れておくだろうか？

当時の状況を想像してもこれは実用的とは言えない。

③予備の弦を巻いていた説

この芯穴に予備弦を巻きつけるための穴だという説である。では実際に弦を巻いてみていただきたい。

当時三線の弦に使われていた「絹糸」を使って巻いてみた。約九〇センチの長さが必要な三線の弦である。幾ら何でも穴に巻きつけることなど不可能で、たとえ巻けたとしても、胴に入れる際に邪魔になってしまい、上手く組み立てられないのは目に見えている。

④音色や響きが良くなる説

こちらもよく耳にする説の一つだが、もし仮にそうであれば、世界にある多くの楽器にもとうの昔に取り入れられているだろう。

アコースティックギターやクラシックギターなどに、ネックのジョイント部分に「音色が良くなる」と言って穴を開けるだろうか？　まして三線の構造上を考えても、胴の内部に隠れた芯に、小さな穴を開けることで響きが良くなるという仮説は、論外だと判断せざるを得なかった。

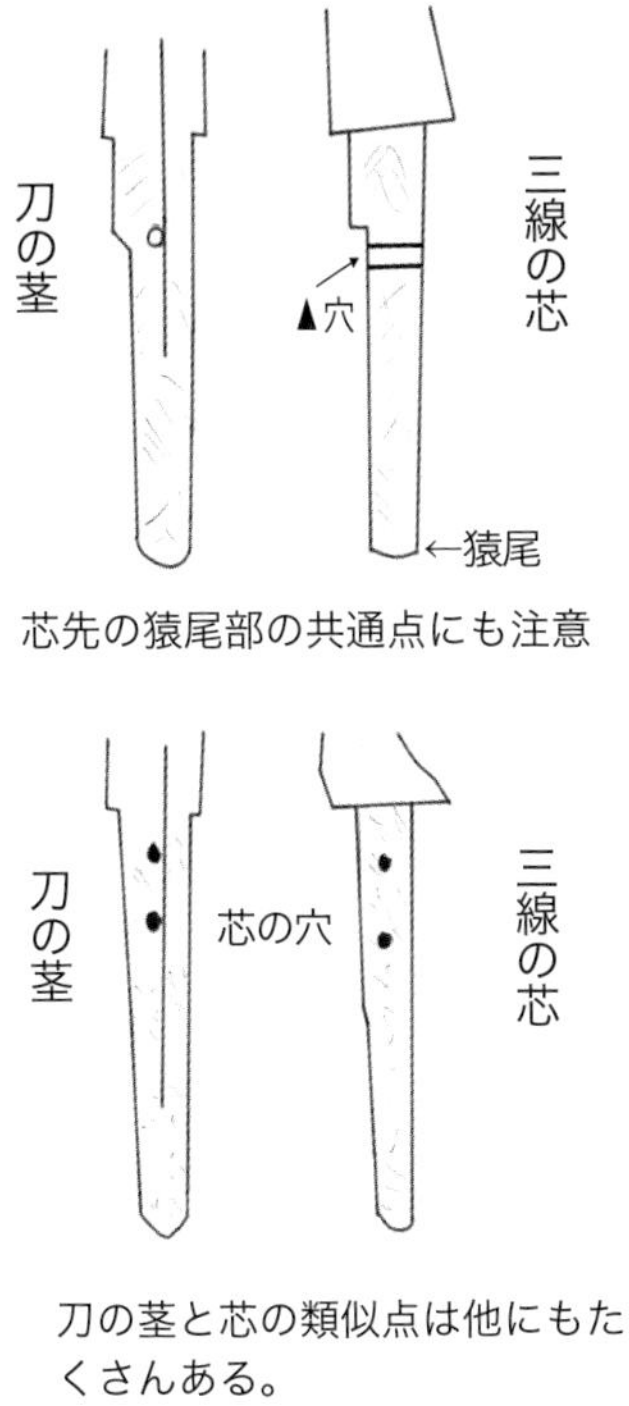

芯先の猿尾部の共通点にも注意

刀の茎と芯の類似点は他にもたくさんある。

図　刀の茎と三線の芯の共通点

原点に帰る「刀」との共通点

「江戸与那城」だけに芯穴があるということではない。県指定の南風原、久葉ぬ骨など、古いものの中には穴が「一つ」のものが確認されている。

後述する「命取り三線」と恐れられた「怪奇ハナンダ三線」の方は、糸倉長与那城で芯穴が「二つ」だ。ではこの芯穴とは一体何なのか。どんな意味があるのか、ますます分からなくなっていた。

行き詰まった私はしばらく時間を置いて考え直し、実用的な「意味」を求めて何の解決にもならないのなら、逆の視点で再検証してみる必要があるのではないかと思い始めた。

ここで重要な点は、「三線の芯穴で確認できている穴の数は、一つから三つまで」ということ。なぜ　四つ、五つ、六つはないのか？

一つから三つなのだから、偶数や奇数でもない。より深く調べていくと、深い理由にたどり着いた。前項で述べた私の強調する「刀」との共通点が更に説得力を増してくるだろう。

刀の茎には「柄と本体とが抜けないように目釘をさすために空けられた穴」、目貫穴がある。その穴も「一つのもの」「二つのもの」「三つのもの」の三種類の穴が多く確認されている。そう、古三線に確認されている穴の数と類似するのだ。

前述した刀との共通点。

・三線の天部の曲がり＝刀の反り
・芯のヤスリ目＝刀の茎のヤスリ目

そしてここで三つめの共通点。

・棹の芯穴の数＝刀の茎の目貫穴の数

これだけそろえば、これらの共通点は単なる偶然でないと納得できるのではないだろうか。

結果、三線の芯穴には実用的な意味はなく、何かの装飾品を付けていたわけでもないと考える。仮に何か付けていたと考えても、装飾品が邪魔をしてしまい胴に収めることは絶対に不可能だからだ。

できる限り名刀に近づけようとする情熱。それがこの目貫穴を真似た「芯穴のもつ意味」なのだ。当時の琉球人の武士道精神の意識の高さを三線が物語っていることの証明に違いない。

久《く》場《ば》春殿《しゅんどうん》型《がた》の三角穴の謎

「段差」と「三角穴」

「久《く》場《ば》春殿《しゅんどうん》型」の芯の構造にも特殊な構造が見られる。

鳩胸と芯の付け根に約一寸の長さの段差があり、そこには三角穴が空けられている点だ。この「段差」と「三角穴」にも多くの疑問が残っており、数多くの仮説が飛び交っている。

段差が付いている理由について最も有力とされているのが、「三線を武器として使用する際、その部分を折って使いやすくするため」だと言われている。

しかし、硬い黒木材が使用された棹である。私も試しに折れるのかと力一杯に曲げてみたが、そう簡単に折れるものではない。余程の力を込めて地面に叩きつけたとしても折れるかどうかは確かではない。またその部分を折る正当な理由も見つけることができない。

また、三角穴はヌンチャクとして使用するための紐を通す穴だったとの説もあるが、これも疑問である。なぜなら、ヌンチャクにするのならわざわざ爪と芯の付け根に近い所に穴を空け

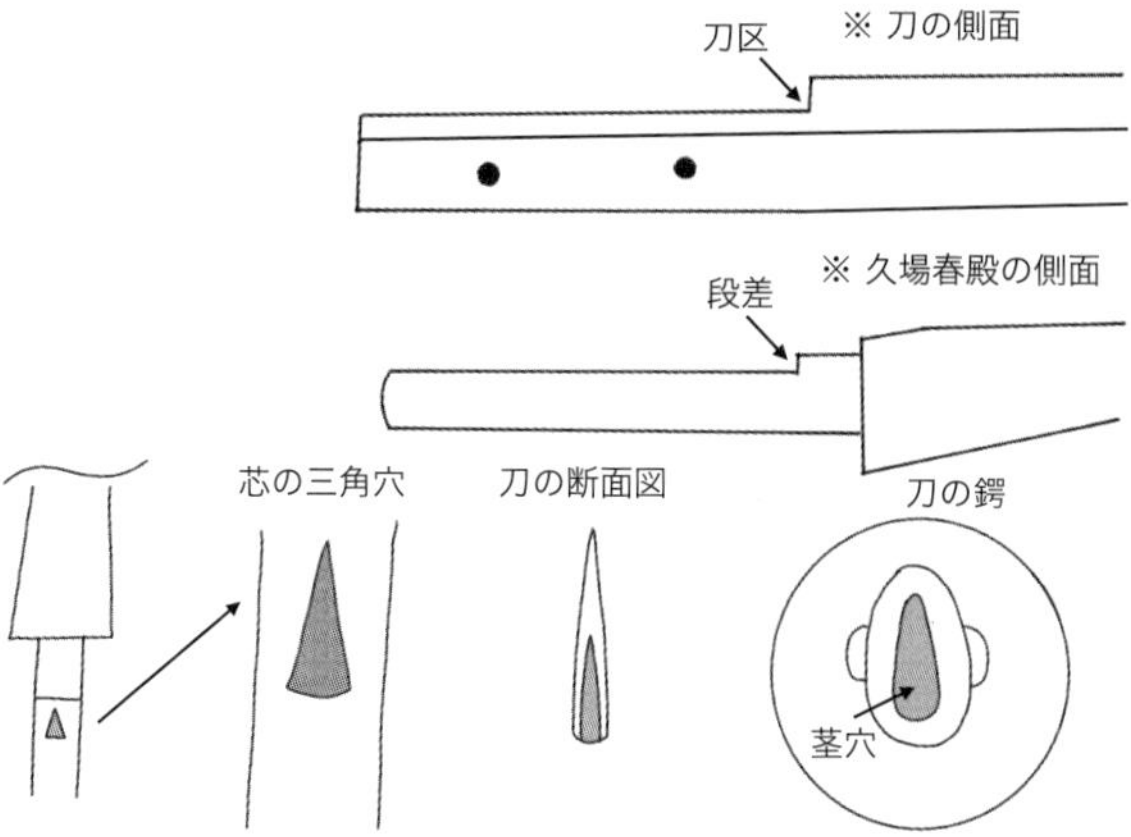

図　久場春殿の芯と刀との比較

る理由が見当たらない。

戦いやすさとしては芯の先端（猿尾）に近い部分に穴を空けるのが武器としては効率が良いし、わざわざ三角穴ではなく丸穴の方が紐を通しやすいものだ。

ではなぜ段差と三角穴が必要だったのか。またその意味するものとは何なのか。

ここで武士の視点に戻って分析してみる。

刀の「刀区」「棟区」

「久場春殿型」の棹と刀とを見比べてみると、刀と茎の境目の段差「刀区」や「棟区」の段差に共通するものがあるように思われる。

また古い久場春殿型の三角穴の多くは、正三角形というよりも「縦長の三角形」の形状のものが多く確認されている。なぜ縦長なのか。沖縄の女性の手に入れていた刺青「ハジチ」に共通する形のものなのか、琉球の三山統一を意味するものなのかなど、様々な視点から検証してみたが、どれも決定的なものには至らなかった。

刀の鍔《つば》の茎穴に注目する

再び刀に戻り、三角穴に共通するものはないかを見直してみると、鍔の中心にある「三角穴＝茎穴」に注目した。

茎穴の三角穴は「縦長の三角形」である。そして刀の断面図も同じく「縦長の三角形」であることから、おそらく芯の三角穴は「刀の断面の形状、鍔の茎穴」を意味するのではないかとの見解が最も有力ではないかと推測する。

「久場春殿型」の芯の三角穴と段差。それは刀の持つ力や鋭さといった武力の高さを、三線の見えない部分「芯」に表現しようとする、琉球人の思想から生まれた工夫に他ならないのではないだろうか。

胴巻きの模様が意味するもの

胴を包むように装着されている「胴巻き」

胴巻きの有無

三線の棹に関する形状や模様の特徴はそれ以外にもある。その一つが胴を包むように装着されている「胴巻き」だ。

胴巻きは通称「ティーガー」と呼ばれているが、これは「手掛け」という言葉が沖縄語の母音変換に従い、teのeがiに、gakeの母音aとeが続くためgaaと伸ばしたものだ。

この胴巻きはどの三線にも付属しているものではないことがわかっている。一八三五年、ペリー提督が琉球に立ち寄った際の遠征記に「ルーチューバンジョー（琉球バンジョー）」と三線のことが記載されている。それを見ると棹と胴のみである。また古い掛け軸の中にも遊女が三線を爪弾く風景が描かれているが、ここにも胴巻きがないものもある。

ではなぜ胴巻きが装着されたものと、そうでないものがあるのだろうか。

この疑問には「王家や士族用のもの」と「それ以外の一般の民のもの」とで大きく分かれているように感じた。

その昔「清」の皇帝が身につけた衣装のハギレを使って三線の胴巻きとして使用したという言い伝えを聞いた事があった。豪華な着物のハギレなど一般には手に入らなかっただろう。王朝期の三線で、当時の胴巻きが装着されたままのものは数少ない。その理由としては、生地の劣化や腐食によって破棄されてきたと考えられる。

幸運にも「翁長開鐘」を実際に手に取った際に、初めて当時の胴巻きを拝借する機会を得たが、そこにも古い衣装生地が使用されていた。

左御紋の模様

そしてもう一つ、現在では胴巻きの定番模様となっている「左御紋と模様」がある。左御紋は尚家の家紋だったものが、しだいに三線の胴巻き模様として普及したものだ。

時々本土の方から「なぜ沖縄の三線の家紋はほとんど左御紋ばかり使用するのか？」と問わ

れる事がある。

それには次のような理由が考えられる。激しい地上戦に巻き込まれた沖縄では、多くの家譜や資料が焼かれた。そのため、それまで大事にされていた家紋も、戦後復興の慌ただしさの中でそれぞれの家紋を三線に用いるほどの精神的余裕さえなかったのかもしれない。また、戦前までもともと家紋のない家も多かったという。

京都の神社で見つけた胴巻きと類似の模様

そして胴巻きには左御紋の左右に独特の模様が取り入れられている。ではその模様はどんな意味があるのか？と疑問を抱く人は少なく、またそれを説明しようと試みた資料もない。

果たしてこの左右の模様は一体なんなのか。琉球にまつわる物の中から多くの建造物や城跡などを調べたが、そこに関連する手がかりは見つからなかった。

ある日、京都の神社を散策した際に、ある屋敷の扉に「胴巻きに使用されている模様」とほぼ同じ形状の装飾が施されているのを見て驚いた。驚いたのは他でもない。すでに述べてきたように、「武士」の歴史文化と三線が関連しているという点だった。

古い仏壇に見られる模様と胴巻きの模様が一致

鎧兜に装着される「立物」があるが、それは装飾する意味と共に、威厳を示して存在感を誇示するための物である。その中でも有名なのが、中世時代に主流となっていた「鍬形」と呼ばれる物。鍬形は軍を率いて指揮を執る大将など身分の高い人物が用いるものだった。

この話が胴巻きとどんな関係があるのかと思われるだろう。しかし何を隠そう、三線の胴巻きの模様が鎧兜の立物である「鍬形」の模様に共通しているのだ。胴巻きの家紋の左右にある模様こそ鍬形模様である。身分の高い衣装のハギレや、高価な生地を使用し、手刺繍で「家紋」と「鍬形」模様を縫い付けたと推測される。

これは偶然ではなく、戦の大将に与えられていた鍬形を表すように、琉球士族の身分の高さを三線の胴巻きに表したものだと思われる。

また、胴巻きには鍬形模様とは別に、防具の胴部分に施されている雲形模様を象ったものもあるのだ。しかしこれには家紋が入っていないのが大きな特徴だ。

家紋のない胴巻き

これにも意味や身分の位置付けが与えられていたのではないかと考えられる。
「鍬形」は王や身分の高いもの。「雲形」は士族。というように、位分けをしていたのではないだろうか。その所有者の身分を表すものとして、三線の胴巻きに家紋入りや「鍬形」「雲形」などの模様が使用されたと十分に考えられる。

Ⅲ

古三線に込められた想い

沖縄は「床の間に三線」

大和では「床の間に刀」、沖縄では「床の間に三線」を飾ると言う。そして床の間に飾られる両者には深い共通点がある。

琉球の時代、首里王府に勤めている人のことを士族と呼んだ。士族は刀を持たず、武道や芸術などを通して肉体及び精神の鍛錬に取り組んだという。その中にはもちろん三線や芸能も含まれている。

尚真王時代には、刀を含めた国中の武器を集め、保管したと伝えられている。ナポレオンは「武器のない琉球国」の話を聞いて驚いたと言われている。しかしこの「非武力宣言の国」の話に異論を唱えている人もいる。そのような政策を取ったという歴史上の証拠はないのだと。

もちろん武器を全て廃止するわけにはいかなかっただろう。武力を備えておかなければ様々な侵略に抵抗すらできないのだから。

だがここで声を大にして申し上げたい。士族の教養に三線を奨励した時代（文献では三弦と記載）があったということである。武器を捨てて豊かな国を育もうという政策が行われたことが、残されている古三線をはじめ、明治大正から昭和、そして現代の三線からも見て取れるのだ。それが今回説いた「刀と三線」「鎧と三線」の共通点に他ならないのではないだろうか。

武力やそれらが持つ力を三線という楽器に収めた。武士にとって命のように大切にしていた刀と同時に、三線にも全ての魂を込めて収めた。

その精神が宿るものだからこそ、これまでの中国の三弦の形状から、武士の魂である「刀や鎧」の作りへと変貌された。文字通り、武力を三線に納めたのだ。それらの力を納めた新たな「三線」は、五穀豊穣を願う儀式の際に演奏され、祝いの座や葬祭の場でも用いられた。国の繁栄を願い外交の場でも歌われ、踊り手がその音色に合わせて舞った。

琉球士族の武道の精神や思想であるとともに、平和な「ミルクユガフ」の願いである三線。かの大戦を経て多くの遺宝が失われた中でも、幸いにも生き延び継承された三線やその文化がある。まさに三線は　今現代にも生き続ける琉球人の想いの全て　そのものなのである。

三線は三神なり

二〇〇九年に放送された「天地人」という大河ドラマをご存知の方も多いと思う。戦国時代の武将直江兼続を主人公とし、かの上杉景勝を支えた名参謀を描いた歴史小説ドラマであった。「天の理、地の利、人の和」という孟子の天地人説、それが日本の武将たちにも伝わったのだ。一般には「宇宙を含む全て」の意味をなす。

そして「三味線之説」（沖縄県立博物館蔵）の掛軸に「象天地人也」の言葉がある。そこには「宇宙を含む全てが三線なり」と説かれている。また古代中国の陰陽五行説において、中国古代の音楽の「五音階」は五行説と繋がっていると言われ、音楽は治療効果があるとされている。この五音階は琉球にも受け継がれ、独自に琉球音階の「ドミソシド」を基盤として発展したとも言われている。

「三味線之説」の中に書かれた「黄帝（中国神話の最大の皇帝）」「陰陽五行」「修道」「治国平天」の言葉から次のようことを説いていると思われる。

刀との共通点である武力を超えた「強さ」を表し、陰陽五行が唱える音楽の持つ人体への「癒し」、自分自身を正しくすることが国の平安に繋がるという「平和」の表し、そして三線は三神であり「天と地と人を象るなり」とされた。それら全てを「音楽」で修道しましょうと、琉球国は独自の取り組みを行っていたのだ。

　それはまさに「三線信仰」と呼ぶにふさわしいものだったのではないか。

　現在でも古典音楽の中で踊り演奏される「松竹梅」も「天地人」と同じ意味をなす。どれほど三線に国全体の願いを託していたかが分かる。私たちの想像をはるかに超えた驚くべき思想が垣間見える。

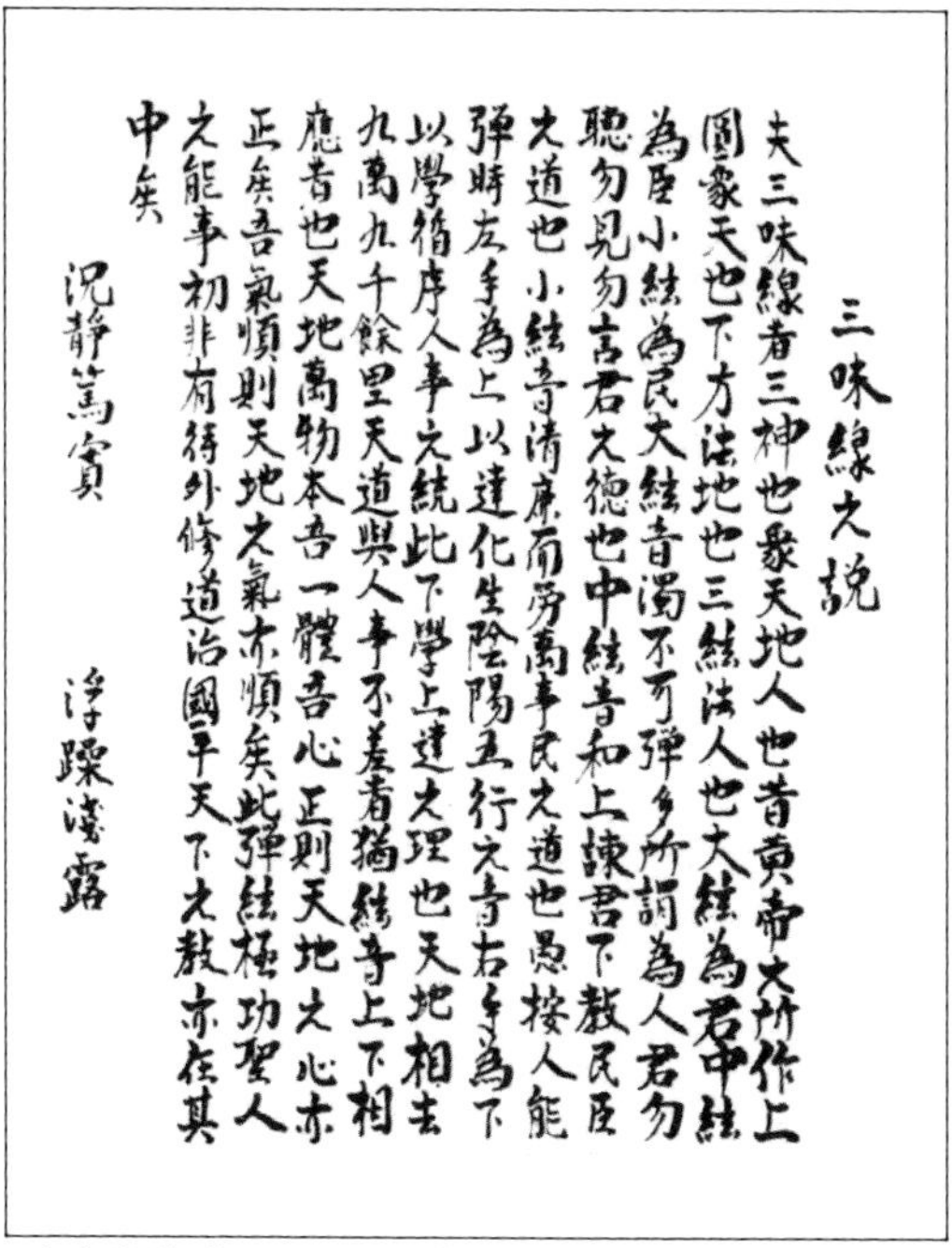

三味線之説

夫三味線者三神也象天地人也昔黄帝之所作上圓象天也下方法地也三絃法人也大絃為君中絃為臣小絃為民大絃音濁不可弾多所謂為人君勿聴勿見勿言君之徳也中絃音和上諫君下教民臣之道也小絃音清康而労萬事民之道也愚按人能弾時左手為上以達化生陰陽五行之音右手為下以學循序人事之統此下學上達之理也天地相去九萬九千餘里天道與人事不差者猶絃音上下相應者也天地萬物本音一體音心正則天地之心亦正矣音氣順則天地之氣亦順矣此弾絃極功聖人之能事初非有待外修道治國平天下之教亦在其中矣

浮躁淺露　沉静篤實

又吉真栄著『ひたすら音づくり』より

三味線の説（翻訳文）

夫《そ》れ三味線は三神なり。天、地、人を象《かたど》るなり。昔、黄帝の作る所にして、上、円なるは天を象り、下方なるは地に法《のっと》り、三絃は人に法るなり。大弦は君と為し中弦は臣と為し、小弦は民と為す。大弦は音濁りて弾ずべからざること多し。所謂《いわゆる》、人君たればなり。聴く勿《な》く、見る勿く、言う勿きは君の徳なり。中弦は音和《やわら》ぐ上は君を諫《いさ》め、下は民を教ふるは臣の道なり。小弦は音、清廉《せいれん》にして而して万事に榮するは民の道なり。愚《ぐ》、按《あん》ずるに、人能《よ》く弾ずる時、左手を上となして以って陰陽五行の音に化生《けしょう》するに達し、右手を下となして以って人事の統に循序するを學ぶ。此れぞ學上達の理なり。天地相去ること九萬九千餘里なるも、天道と人事と差あらざるは、猶《な》ほ弦音の上で相應ずるがごとし。天地萬物は本吾と一体にして、吾が心正しければ則ち天地の心も亦正し。我が気順なれば、則ち天地の気も亦順なり。此の弾弦功を極むるは聖人の能事、初より修道を外に待つ有るに非ず、治国平天での教も亦其の中に在り。

島尻勝太郎 氏補訳

（注）原本では君（男弦掛）と民（女弦掛）が逆になっている（前ページ漢文参照）。

『ひたすら音づくり』又吉真栄著（昭和五十四年）参照

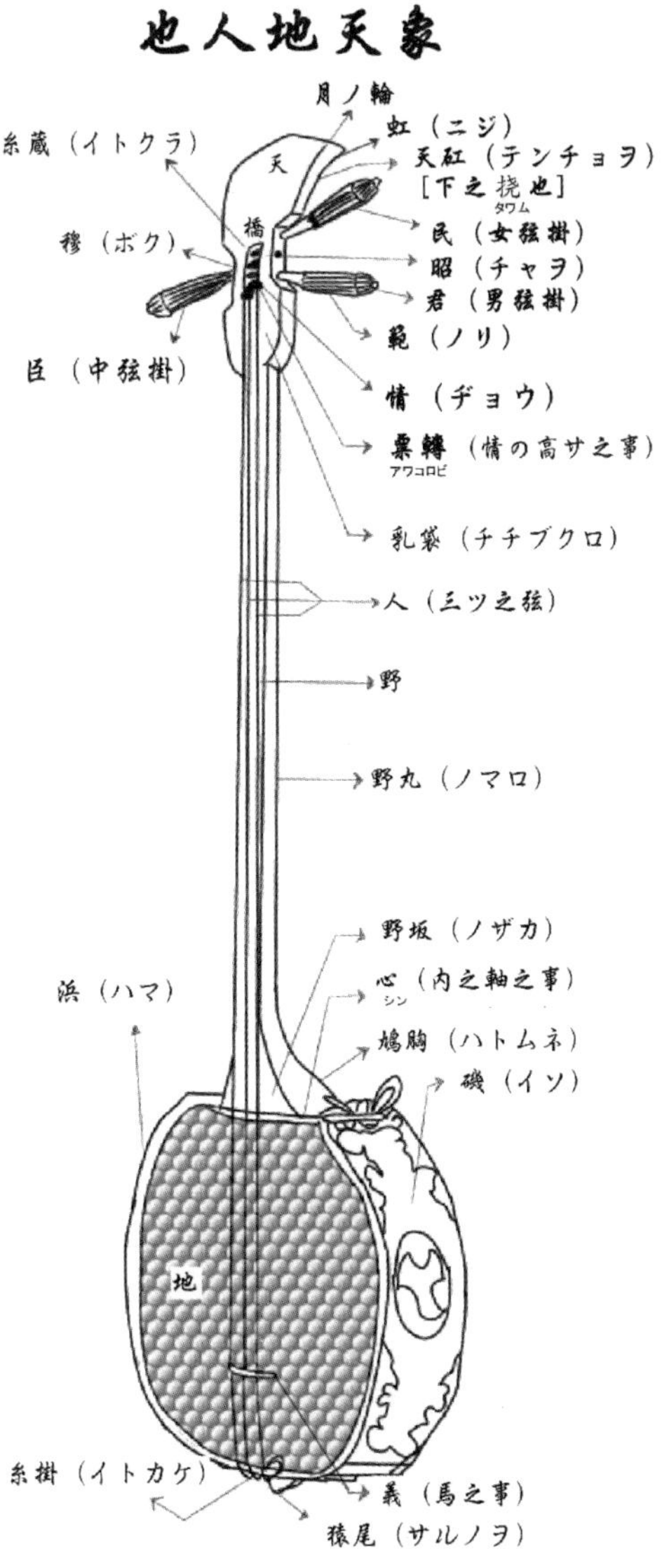

（注）原本では君（男弦掛）と民（女弦掛）が逆になっており、「三味線之説」の文中もそれに基づいているが、ここでは修正した。

三線は二丁で一つだった

夫婦三線の由来

三線を購入する際、現在では単体で一丁を購入するのが一般的だが、古い時代はそうではなかったようだ。「夫婦三線（ミートゥサンシン）」と称し、夫婦として二丁の対の三線を作っていたという。

現代でも、お祝いの贈り物や、個人の趣味等の意味で夫婦として二丁を揃える習わしが少なからず残っているが、昔は「夫婦の二丁にそろえて保管すると決まりがあった」と三線の研究にたずさわる方から聞いたことがあった。

当然ことながらなぜ夫婦として保管する必要があったのだろうか？　という疑問が残った。

色々と琉球関係の他の文献などにも目を通してみたが、説明されているものを探すことは難しく、数年間、その疑問を解くものも見つけられずにいた。

二〇一九年に中国を旅する機会を得たのだが、その現地の方から非常にユニークな話を聞くことができた。

「中国では昔から贈り物をする際は、絶対に一つではダメなんです。必ず〝二つ〟にしなければいけない。例えば大事にしたい相手様に贈り物をする際、高級な茶碗や漆器などでも必ず〝二つセット〟にしてお渡しする。中国では古来より、二つに揃えるということはとても縁起が良いと考えられているからです」

この話を聞いてすぐに「これだ！」と、三線はなぜ夫婦にするのかの疑問が晴れた。三線も縁起良く、二丁をセットで置いておきたいという「夫婦三線」の由来につながる話であり、長きに渡る中国と琉球の文化交流の影響の大きさを感じられた話であった。

夫婦のエピソードからの謎

尚泰の四男尚順氏の記録『松山御殿物語』の「鷺泉随筆（五）箱書」の中で、「昔の名人の作に後世の名人が同一のものを作ってそうしてそれに配し一対となせしものが相当ある。」と記載されている。

また、「もし夫婦のどちらかを無くしてしまった場合は、無くしたものに似せたものを誂えてでも、また二つの夫婦になるようにした」という秘話も三線研究の方からうかがったことがある。つまり、紛失や故障などにより夫婦の片方がダメになった場合は、それに似せたものを新たに作らせたということ。

「レプリカ」。現代でいう復元版を作ったということだが、実はこのエピソードの裏にはとても意味深いものが隠されている。

例えば誂えていた復刻ものを、三線職人に依頼する際、その三線の特徴や癖などを伝えて誂えさせたということになる。その三線の大小や左右の歪み、芯の凹凸やヤスリ跡など、できる限り特徴を再現したに違いない。

それが完成して片方だけだった三線はようやく夫婦として揃うことになるのだ。

以上のことから、現在私たちが知っている古三線の中には「紛失などのために途中復元されたレプリカ三線」も少なからず存在するということなのだ。

廃藩置県~昭和初期の大不況の間にも、多くの貴重な家宝三線が質に出されたり売買されたりした。その時代、那覇の質屋等で王家直系の三線が次々と売りに出され、それに目をつけた者が大量に購入し、遠い移民先のハワイやブラジルといった地を渡り歩いたと言われている。

(皮肉にも海外に渡ったことで、かの大戦の被害から免れた名器があることはいうまでもないが、それら名器三線のことは「V　私が出会った名器」参照)。

そのため夫婦で保管されていた三線も離れ離れにならざるを得なかった。

少年は糸満売りへ、少女は遊郭へ渡された時代背景を考えると、貴重な三線がバラバラに売られたのも無理はなかったのであろう。

そのような背景があるため、名器の復刻版である三線も「〇〇家に伝わる古い三線」として伝わっていることもあるだろう。だからと言って私はその復刻に価値がないとは思えないし、同じように思われる方も多いのではないだろうか。

無くしたものも、それに似せてでも夫婦にしようとレプリカを作る。その三線にかける想いがなんとも感慨深いものである。

同じ名前の三線が複数存在するわけ

昔の三線を見比べる時などに時々聞こえてくるのが「ヤナー」という言葉だ。

ここでいうヤナーは「不格好な作り」「上出来ではないね」という、道具が乏しい昔の時代の不便さを表した言葉だと解釈している。

しかし、本当に昔三線の作りは「ヤナー」なのだろうか？

一概にそうとは言えないエピソードをいくつかご紹介することとする。

ここで前述の「三線は二丁で一つだった　夫婦三線の由来」の中の「紛失したものは同じように似せて作らせた」話を思い出してほしい。復刻する際はそれと同じようにするために、歪みや癖を再現していたという事実だ。従って、現在残っている「ヤナーヂュクイ」と言われる古三線の中には、実は「あえて」歪めて作られた三線もあるということを意味している。更に事実に基づいて想像を膨らませてみよう。

中国から受け継がれた「二つで一つ」の風習は、一部戦前までは大事にされていた地域があったことがわかっている。夫婦三線の片方がなくなってしまった場合は、大正期でも、明治でも、王朝期でも、いつの時代もそのレプリカを求めて職人に打たせていた。

名器と呼ばれる「○○御殿から出た名器」などの三線の中には、「良家から出た三線に間違いないが、どうも年代が相当古く見えないのだが」といった声が聞こえることがある。琉球王朝時代や明治期といった三線の特徴的な材の古さや作りといった要素がなく、特徴から見ても大正期などではないか？といった例である。そのような三線はもしかすると、復刻された三線の可能性もあるということではないだろうか。

数丁ある同じ名前の三線

名器三線として名高い「屋良崎開鐘」や「友寄開鐘」の例をあげる。こちらは同じ名前の三線が数丁確認されているとのことで、度々議論になったと聞いていた。

ある日知り合いを通して「屋良崎開鐘があるが見にくるかい？」と連絡があった。しかしその開鐘なら、過去に県指定のものを所有者宅で拝見したこともあるため、全くデタラメなものではないかと疑いながらも、見せていただくことにした。

宜野湾市のある一軒のビルにお邪魔すると、そこにはたくさんの貴重品とともに、その三線は保管されていた。実は大企業の社長の持ち物であったが、バブル後に会社が倒産し、借金の代わりにこの三線を預けたまま行方が分からなくなっているという。そのため三線の来歴については、詳しくは分からないとの話だった。

外観からも塗りや付属品なども古く、劣化し黒ずんでいた。長い間メンテナンスもされることなく保管されていた印象であった。作りも古く、恐れ多い雰囲気のため、こわごわ胴を抜いて芯を拝借すると、そこには古い朱漆で「屋良崎開鐘」と銘が書かれていた。しかし、開鐘と呼ばれるものが数丁あるとなると、これを判断するなど相当な研究家でも到底できるものではない。

それから数日間、その三線について思い悩んだ。後から銘を付け加えられたようなものとは思えないし、全く謎のままであった。また県指定の屋良崎とはその形や特徴なども違っていたために、それは余計に私の頭を悩ませたのだ。

実はこのような例は全く稀なケースではない。同じ名前の開鐘三線が場所を変えて存在しているという話は、三線を研究する方の間では知られた話なのだ。それにはいくつかの推測があがっているが、私の推測をあげてみる。

①開鐘三線は一丁のみの単体であると思われているが、「夫婦三線」を例にすると、対が存在

するということになる。その片方にも〇〇開鐘と命名された可能性がある。屋良崎開鐘の件を例にあげると、もしかすると、名前は同じであるが、どちらかがその片割れという可能性も否定できない。

②元々二丁あった名器だが、廃藩置県や琉球処分など島を揺るがす出来事もあり、作品がバラバラになり、県外や国外に渡ってしまい、現在は身元はおろか、その判断さえできかねない状況であるということ。

③ある時代に夫婦のどちらかが紛失してしまいレプリカを誂えたといった状況が何度か繰り返されたことで、長い時代を経て現代に同じ名前の三線が数丁出現してしまった可能性。

もしも今後、同じ名前の家宝三線が出てきた場合、どちらが真作かなどと双方で喧嘩することなく、これまでの長い沖縄の歴史を踏まえた上で、どちらの三線の良し悪しも認め合うことこそ、一番の三線供養ではないだろうか。

仮説をあげるとキリがないが、こういうことがあったのではないかという有力な説のため、ここでご紹介する。

ヨーゲー三線は上等

ヨーゲー小の伝承

明治期より伝わる三線の話で、読谷村に「ヨーゲー小《ぐゎー》」と呼ばれ親しまれた三線があった、と村内の先輩から聞くことができた。Joogee、つまり「歪《ゆが》んだり曲がったりした形」という意味だ。しかしここでいう「ヨーゲー」は、愛着や親しみを込めて名付けられたものである。

ある日、上地という若者が畑仕事をしていると、とこからか三線の音が聞こえてたので、不思議に思った。周りに民家もない畑地なのに、どこからこの音色は聞こえるのだろうと、音の出所を探して歩いたがわからなかった。

翌日になってまた三線の音が聞こえたので、探してみると、隣の敷地から聞こえてきた。屋敷を覗いてみると三線売りが来ていて音出しをしていたのだ。見ると紙を重ねたシブ張りの皮の三線で、一見すると上等には見えなかったが、これは名器に違いないと思い、隣人と交渉して本皮張りの三線と交換することに成功した。

早速本皮に張り替えるため、遠い那覇の前ぬ毛《メーモー》の又吉に依頼したが、「このような三線が読谷の田舎にあるはずがない。どこからか？」と聞かれたので、事情を説明すると、「皮の張り替えをする代わりに、演奏会で使いたいから、しばらく貸してくれないか？」と言われ快く了解した。

約束の日に行くと店主は演奏できたことに喜んでおり、「大変な名器だから大事にしなさい」と言われた。若者は村でも三線をよく弾いていたため、名器三線といって評判になった。

ある日、若者が村芝居で三線を弾いていたら、隣町から男が三線を売ってくれとお願いにきた。固く断ったが、「それなら馬と交換しようではないか」と言われ、交渉に乗りかかったが、父親の猛反対にあい、三線を手放さずに済んだ。

それから三線は家宝として代々受け継がれていたが、沖縄戦が始まり一家は国頭に避難する際に箱に収めて、防空壕の中に隠していた。終戦後に探しに行ったが、三線を探し出すことはできなかったという。

この言い伝えからもわかるように、昔の先輩方は古い「ヨーゲー」三線をとても大事にしていた。私たちの遥か先輩方は、歪んだり曲がったりしていても、そのこと自体を高く評価していた。

ヨーゲー作りの美徳

ここで前説を振り返ってみたい。

「刀の作りを意識して三線を打った」という私の説。「あえて歪めてレプリカを作らせていた」という夫婦三線の秘話。そうです、勘の鋭い皆様はもう気づかれたのではないか。

王朝時代から大正期ごろまで「ヨーゲー作りの美徳」というべきものがあったと考える。つまり、「あえて歪めて作りその芸術観を楽しんでいた」という世界観だ。

例えば絵画や焼き物の世界などでも知られているが、芸術作品に独特の感性を持って、作者が積極的に歪ませて製作しようとする試みであると考えられる。一般に変形させて作ることを「形させる」と言ったりするが、琉球の先人たちもこの芸術的感性を備え持っていたことが歴然とわかる。

まして「開鐘三線」となれば王に献上するものだから、三線奉行たちは一丁作るためにも相当な時間を費やしたことだろう。その開鐘三線の中にも「ヨーゲー」がある。もしも王がそのような芸術観を持ち合わせていなかったのなら、歪んだり曲がったものを喜んで差し出すだろうか？

例えばヴァイオリンで「ストラディヴァリウス」の作った名器の癖や傷までも再現しようと、現代のヴァイオリン作家たちは一心に製作に打ち込んでいる。ギターの世界で言えば、マーチンやギブソンといった名器を復刻するため職人たちが力を入れて製作している。これと同じように、いつの時代にも先人たちの残した名器を復刻し再現しようと、職人たちが憧れを持って打ち込んできたわけだ。

三線の世界でも同じことが言える。私たちは見事に再現された開鐘や古い三線が欲しくなる。それは実物の名高い名器は手に入れられなくても、復刻版を持つことでその音色の恩恵をいただきたいと考えるからだ。

同じく、昭和の作家は明治以前の作品へ憧れ、明治の作家は王朝期の作品へ憧れ、さらに十九世紀の王朝期の作家は十八世紀の作品へ憧れるというように、私たちはいつの時代も遥か昔の作家や作品へと想いを馳せる。

そう考えてみても、「ヨーゲー」という美的センスは古来からの名器三線に近づけていきたいというロマンそのものなのだ。

こんな言い伝えが信じられている。

「その昔、名工真壁里之子は自分が気に入らない三線は薪にして燃やしていたため、それを見た妻はこっそり外に持ち出し売っていた。そのため現在残された王朝三線は、真壁里之子の妻がこっそり売っていたものが多くある」という内容だ。

よくできた話だとは思うが、これだと「今残っている王朝三線の多くは失敗作だ」ということになる。果たして本当にそうなのだろうか？

一本の黒木から製材して、何年も乾燥させてようやく作り出す、その手間暇は相当なものだ。そして当時の記録から、漆の原料は本土や中国から輸入しており、漆は大変貴重なものだったと考えられる。それなのに気に入らない作だといって薪にして燃やすだろうか？

もしこの言い伝えが本当であれば、あまりにも寂しすぎる。現代三線の芸術観とは真逆とも言えるほど、美しく広い視点を兼ね備えた先人たちは、このような琉球ロマンを思う存分楽しんでいたのではないだろうか。

Ⅳ　古三線探訪

農民が作った名器三線

今から十五年程前、南城市玉城の方から「面白い三線があるから見に来ますか」とお誘いをいただいた。

お邪魔すると、主人は早速三線を取り出し、丁寧に私に差し出してくれた。塗りも剥げ落ちたその「南風原型三線」は、極細の棹で、胴はヤギの皮が張られ、胴巻きはヤギの毛が巻かれていた。

なんでもこの三線にまつわる話はこうである。

その昔、農民のある男が息子に「三線が欲しい」とお願いされ、大変困ってしまった。高価な三線など手に入れられるはずもなく、ついに懇願する息子を叱りつけてしまった。そこで父親は自分で作ってみようと思い立ち、村の友人が持っていた三線を見せてもらい、見よう見まねで作ることにした。材料は森から程よい木を切り倒し、何日もかけて荒わきをした。

父親は息子と農作業に出かけ、休みの合間に少しずつ三線を削った。次の日も次の日も少しずつ少しずつ作っていった。次に手がけるまでは草むらの中に隠し、時には田んぼの中につけておいた。

胴を作る技術もないため、大木を切り倒して、その木を円形に削り、少しずつ少しずつ彫り出してくり抜いて作った。皮は村のお祝いに殺したヤギの皮をお願いして貰い、それを引っ張ってくり抜き胴に張り付けた。

まる二年ほど歳月をかけて完成させたその三線（南風原型）は、父親の息子への愛情の甲斐もあって、村でも好評で、芝居や毛遊びでも愛用された。

噂を聞きつけた隣村のものが、この三線を譲ってくれないかと持ちかけたが、親父と息子はダメだと断った。しかし、隣村のものは引き下がらなかった。その男は娘が嫁ぐため、どうしても三線を祝いに持たせたかったのだった。

事情を聞いた親子は心を許し、三線を豚と交換することにした。

それから何年も経ってから、ある日突然訪ねてくる者があった。あの三線を交換した男であった。男はあの時の三線を持ってきて話し始めた。

「あの時の恩は忘れません。実は嫁いだ娘は病で亡くなってしまった。三線を手元においておこうかとも思いましたが、やはりこれは私でなくそちらが持っているべきです」

時を経た三線は譲った時と比べ音色が変わっており、あたりを包み込むような素晴らしいものになっていた。

親子と隣村の男は酒を飲み交わし、三線を弾いて心を慰めたという。それから長い間、三線は村で大事にされ、大戦時にも京都に紡績で出稼ぎに出ていた親族に預けられて難を逃れた。

その三線を実際に弾かせていただいたが、胴はすでに張りがなく、弦はテグスであったため音は静かであった。重量は軽量であり、材は不明。しかし、心温まるエピソードを聞かなくとも、一目見た時からこの三線には不思議な魅力が溢れていた。

音色が大きく響かなくても良い。外観がボロボロでも良い。それでもずっと爪弾いていたい。そう思わせる力があった。

音色の良し悪しの価値観は人によって様々だが、自分の胸で感じる音色の深い世界も、三線演奏の鑑賞には大切だと思わせるものだった。

父親が息子を思って作り、そして受け継いだ想いは、何百年経った今も生き続けていることを、この古三線から教えられた。

メジロが寄ってくる小真壁

不思議な三線として強く記憶に残っているものがある。それは本部町から来た昔三線で、特徴はとにかく細く短いものであった。あれほど細く短い三線はこれからも出会うことはまずないだろう。

はっきりとした銘もなく、作りは派手でもないが、まるで六歳ぐらいの子供の手のほどの大きさのチラ（天）の作りであり、自然に愛着を感じる三線だった。

持ち主に話を聞けば、この三線はもともと本部に住んでいたメジロ飼いをしていた大正生まれのお爺がとても大事にしていたもので、「これを弾くとメジロが良く鳴くよ」と自慢していたという。お爺が亡くなる前に「もうメジロを養う元気もないし、三線も弾く元気もないから、あなたが持っていてくれ」といって譲ってくれたという。

面白い話だなという程度で聞いていたが、その持ち主が言うに「本当にメジロが寄ってくる」らしい。

そのような話を信じているわけではないが、この三線の可愛らしさに負けて、一度お借りすることにした。ちょうどその頃、よく庭の畑で芋やジャガイモを栽培していたので、昼間の休憩時間には三線を弾くのが日課だった。お借りした三線を取り出して弾いて遊んだ。

翌日、畑いじりをしていると一羽のメジロが飛んできて庭のバナナの木に止まった。面白い偶然もあるものだと眺めていたが、その次の日にもメジロは数を増やして、同じバナナの木に止まり、綺麗な鳴き声を聞かせていた。

また次の日も、次の日もそれは続いた。私も気をよくし、「メジロ来い。、来い」と願いながら三線を弾くようになり、おかげでとても気持ちの良い休憩時間が過ごせるようになった。

メジロが止まり始めたことを偶然ととらえるか、三線のせいだと信じるかは、それぞれの自由である。

ただそういった三線の持つエピソードや前の持ち主へと想いを馳せることは、三線供養にもなると共に、演奏者のイメージ力を向上させ、より三線を楽しむ秘訣にもなると考える。

久米三十六姓に代々伝わる三線

何年も前の話になる。

ある日、電話が鳴り出てみると「三線があるので見て欲しい」という女性からの依頼であった。早速、自宅まで来ていただくと、来客者は古い真壁三線を取り出して見せてくれた。その三線は特に大きな特徴というものはなく、古い透明漆は淡い色味を出している。材料は黒木の白太であった。一見、大変古いものとは思えないが、どこか不思議な魅力を醸し出した三線であった。

「主人の家から伝わっているものだけど、主人が病気になってしまい、歩くこともできない。資金面でも苦しい。主人も三線のことをよくは知らない」と事情を話してくれた。

私はすぐにその方々が入院費などで生活が苦しいのだと察知し、すぐにでも誰か買ってくれる人がいないかと三線の先生などに声をかけてみた。しかし誰も興味を示してはくれなかった。女性は落胆した様子でその日は帰宅していった。

それからしばらくしてその女性から連絡があり、「ある鑑定に出して見てもらったが。、昭和期のものと言われた。またどの三線屋も買ってくれない。先祖の親雲上からのものなのは間違いないのですが」と話したので、「三線にはそれぞれの価値観があるのだから、納得がいかないのなら、そのまま大事にされた方が良いですよ」と返答した。

するとまたしばらくして自宅へやって来た。そして次のように話してくれた。「実はそちらに遠慮して言っていませんでしたが、この三線は主人の祖先から伝わるもので、久米三十六姓代々のものです。しかし、それを証明するものもなく、三線にも銘もないため、誰も信じてくれません。ですがあなたはこの三線について懸命に相談に乗っていただき、評価していただいた。もし可能であればそちらで引き取っていただくことは出来ないで

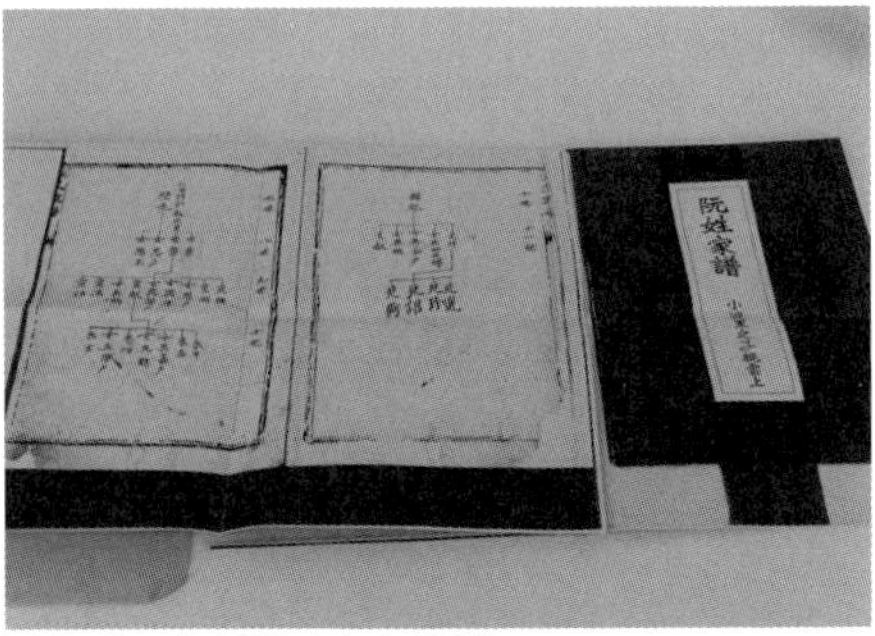

所有者の名が記された家譜

胴内に残る銘「小渡延選」

しょうか」。

これには頭を抱えてしまった。もちろん私は鑑定員でもないし、引き取るとなると代金もかかってしまう。だが代々伝わったものと何度も足を運ぶ様子にうそはないと思い、そのまま三線が弾かれることもなく終わってしまうのも残念だと思い、遂に引き取ることを決意した。

一度手に入れたものは自分なりに徹底的に調べてみるのが趣味のため、しばらくこの三線とおつきあいしようと思い、チーガ内に書かれた墨字の「延選」、久米三十六姓、そして「小渡家」を手掛かりにして調査することにした。

そのまま何も行動しないのはあまりにも三線がかわいそうだ。また何故かこの三線に関してはどうしても調べてあげないといけないという想いに駆り立てられたのだった。

まず最初に琉球関係の資料を保管している図書館に出向き、膨大な資料を探るところから始めるため、「長時間になるぞ」と腹を括っていた。しかし、最初に目の止まった家譜があり、それを開いてみると、すぐに「延選」の名前と生まれた年代、そしてその家系がいつどのように久米村に定着したのか、何を得意としていたのかが書かれていた。その内容は前の持ち主が一生懸命に伝えてくれた通りだった。書や文学を学び親しんだ家系の明治初期に生まれたひとりの人物。その方が記した名前が平成の時代になって事実を証明してくれた。

それを知った時はタイムスリップをして、この人物にご挨拶をさせていただいたような想いになり、名もなき三線でもそれと向き合っていこうとすれば、必ず三線は答えてくれるのだと思った。

「三線之説」にある「三線とは三神なり」の通り、現在この三線は歴史深いお寺のもとで保管されている。

「命取り《ヌチトゥイ》三線」は存在するのか

恐れられる三線

古三線の中でもっとも恐れられているのが「命取り三線」だ。これはかなり恐れられており、「古いものは誰かの念が入っているのは当然だから、絶対に持たない」という考え方の人も多いものだ。

ある有名な「命取り三線」が存在する。

それは渡っていくところところで持ち主の命を取り、現在は行方不明だとか、中古で売られてしまい被害が出ているなど、様々な噂があった。しかし、大正期からの持ち主を丁寧にたどってみると、全くそのような経緯や事実もなく、噂が一人歩きしてしまったのではないかと思われる。

また、特に変な噂もないのに、何故か手にとってあまり心地よく感じないものもある。今となっては手に入らない素晴らしい黒木の材料で作られていたり、非常に古典的な形をしていて、申し分ないと誰もが思う。しかし理由はわからないが、何故か遠慮したいと思うものがあるのも事実。

私はこのような印象を受ける三線を買ってしまった場合は、すぐに念入りにお手入れをすることにしている。とにかく棹を磨き、磨きすぎて艶が出るまで磨いて（笑）、胴の周りに付着した虫なども除去する。晴れた日は太陽の下で陰干しして光を浴びせる。

そうこうしているうちに、あの何とも近寄りがたいと感じた心もスッキリして、三線も別の性格に変わっていくように感じる。つまり再生されるのだ。そんな三線の場合、何十年以上もの長い間、暗いところに保管された可能性がある。

いずれにしても楽器に罪はないし、使用されている木は時を経ても生きているわけだから、どう大事にしてあげるかが肝心だと思っている。爽やかな印象のものでも、じめっとした印象のものでも、気に入ったのであれば、徹底的に手をかけてみてから判断したほうがよいのではないか。

例えば車やゴルフクラブでも、庭いじりでも、絵や服でも同じだと思う。実際に、目で見て触って、そして付き合ってみなければわからない。一世紀前のボロボロの家具を、分解して丁寧に補修し、色を塗り直し、大変素晴らしい状態に修復される家具職人さんがいる。そのような方からすると、ボロボロな状態の家具を見ても、その一つひとつの部品も愛らしく見えていることだろう。

今は手に入らない当時の材料は質感も違っている。塗料は剥げ落ちていても、刷毛塗りの跡を見れば、一世紀前の職人の汗と努力に想いを馳せることができる。ギターの職人さんの中にも同じ想いを持っている方も多いと思う。例え楽器が曲がっていたり壊れていても、その価値に変わりはないはずだ。

ヴァイオリンを例にしても、古い時代の良い作品は値が張る。プロの方はもちろん、プロを目指すアマチュアの方でも、高額な価格を払って楽器を手に入れることになる。世界的に有名なアーティストの方でも、毎月のローンで何十年と支払い続けてながら活動している方も少なくないという。そこまでするのは、そのアーティストが楽器を徹底的に愛しているからに違いない。

ではそれに対し、古いものには念がつきものという「命取りの魔の楽器」という概念は通用するだろうか？　もしそうだとすれば、ローンを払い終わる前に多くの音楽家が死んでしまうのではないだろうか。

古い三線でも同じことだと思う。噂や第一印象ももちろん否定はしない。でも少しでも気に入るものがあれば、一度手にとって弾いてみることが大事だ。実際に感じる手の振動、皮から伝わる棹の響きを感じること。それが高級な黒木でなくても良く、何百年と生きた木の歌声を聞いてあげてほしい。

三線探しをされる方はたくさんいるが、自分がしっくり来るものが必ずあるはず。沖縄では「三線組合（沖縄県三線製作事業協同組合）」が立ち上げられ、素晴らしい現代の職人さんが活躍している。新しく作られた三線がしっくりくる方もいれば、ヴィンテージ三線がしっくり来る方もいることだろう。

例え楽器に執念がこもっていたとしても、それをも上回る愛情と執念があれば、どんなものでも怖くはない。そして、その愛情は素晴らしい楽器との出会いをもたらすと信じている。

「鳩小」の文字が残るジュリ三線

今から二年ほど前、遠い海外から古い三線が沖縄に帰ってきた。型は与那城、塗りの透明漆は劣化でハゲており、棹自体も歪んでいた。もう見向きもされずにどこかに片付けられてしまうという雰囲気を漂わせていた。

読みづらい「鳩小」の棹書き

他にも何本か興味深いものもあったが、私は何故かその三線に心惹かれるものがあった。

持ち主に聞いてみると、「これは誰も興味を示さないし、帰るまでにはどうにかしたいのだけど」と困っている様子だったので、引き取れないかと相談した。しかし、提示された金額は安いものではなかった。

はっきりとした来歴もなく、これといって上品な三線でもなかったのだが、それでも何か惹かれるということに特別のご縁を感じたため、引き取らせていただくことにした。

家に帰り、早速手入れをしていると、芯にわずかに薄く字が書かれているのを確認したが、読めるものではなかった。何故なら漆塗りが施されており、年代も古く読みづらい上に、草書と思われる書体だったため、解読は不可能だった。

そこで関東の友人に協力していただき、研究所でX線写真を撮影し、古文書の解読を行なう先生のお力も借りる運びとなった。

解読できた文字の一つに「鳩小」の文字を確認することができた。「ホートゥーグヮー」と読む。昔の沖縄では女性の名前に「鶴」や「鳩」と付けたが、特に辻・中島・渡地の那覇の遊郭においては、美人の遊女「ジュリ」には鳥の名前をつけたとされる。

特に芸事に磨きをかけたジュリの間では三線は切っても切れない大事な楽器である。また、昔沖縄では芯に銘を書くことは一般的に控えられていたため、よほどの想いを込めて名前をしたためたのではないだろうか。

何世紀も前に名前をしたためた三線は、激動に変化する沖縄の中で、様々な理由で国を離れて遠い他国で静かに生き続けた。もちろん持ち主も手がかりも、今となっては調べることも不可能であるが、わずかな手がかりからでもたどり着ける歴史がある。

またその手がかりや名前さえ残されていなくても､呼び止めるような引力が働く三線がある。誰がどう証明してくれるものでもない。人によっては良い三線だと言うし、また別の人は価値がないと言うかもしれない。

しかしここで強く伝えておきたいのは、ある物に対してあなたの心が動くなら、その三線はあなたとご縁があるということだ。

「誰にどう評価されなくても良い」。その価値観を大事にして私は今後も三線とお付き合いしていきたい。

あるグマー（小さい）三線

グマー三線との出会い

十年以上も前のこと。野村流保存会の師範から平安座ハッタラーを見たなら、次は名護市の東海岸のMを訪ねると良いとの連絡があった。早速アポを取って、手土産を持ってMさん宅に向かった。現地に到着すると、そこは空気の美味しい北部の自然に囲まれた地域で、Mさん宅の床の間に飾られたヤギ皮張りの古い三線が目についた。師範の言っていたのはおそらくあの三線のことだろう。

Mさんは気さくな方で、その三線を手に取ると　ほら弾いてみなさいと差し出された。私は情唄を一曲歌ったところ、久しぶりに三線が聞けたと言って喜んでくれた

Mさんは喉の病気のせいもあって、ずいぶん昔に歌を断念されたのだそうだ。

「この三線はね……」とMさんは三線との出会いの話を始めた。

私はバブル時代、財が捨てるほどあった。建設会社をやっていたので、欲しいものはなんでも買えた。高級な車、家、宝石、なんでもだよ。

幼年時は貧乏でね。親にはお金持ちになることだけを夢として教えられた。だから一にも二にもお金儲けの人生だったよ。だけど、当たり前に、贅沢の報いをうけた。病気してね。会社も畳んで、一人になって、もうどうしようもないなと思った。持っているお金も意味のないものになった。そんな生活が何年か続いた時のことだよ。小さな村芝居を見に行ってね。劇を見ていたら、隣にいる男性と色々話しているうちに仲良くなって友達になったんだ。彼は三線が好きで、いろんな三線をあちこちに作らせたりしていて詳しかったよ。その中でも彼が大事にしていたのが、戦前の三線で、それはとってもグマー（小さい）三線だった。

そして、その友だちが語ってくれた三線の由来は次の通りだという。

友だちが語った三線の由来

昔、山原《やんばる》の農家が仕事帰りにユーナの木の木かげに若い女性が屈んでいるのが見えた。なんでこんな場所にと思っていたら、雨が降り始めたので、どうも気になって、どうしたのかと尋ねてみた。女性は那覇訛りの言葉を話し、着物を身に付けていたので、男は珍しいと思い、お茶を出して話を聞いてみると、なんと女性は遊郭から飛び出してきたのだという。

彼女は男性（客）に惚れていたが、その男性が家族と大和に渡ると告げられ、もう遊郭には来ないと知り、心乱れて遊郭から出てきたのだといった。男性からもらったグマー三線を手に、はるばる那覇から山原へ来たというのだった。

女性は元々山原の生まれであったが、物心付く頃には遊郭に売られていたので、実家の思い出もあまりないのだと話した。ただ覚えていたのは、近所のユーナの大木の下で近所の子供たちと遊んだ記憶。それを頼りに山原まで渡ってきたが、途方に暮れて休んでいたのだという。

それを聞いて男性は涙し、女性に優しく語り、励ました。女性は男性の優しさに心を許し、互いに愛し愛される夫婦になったのだった。

それから何年か経ち、女性は持病が悪化し、亡くなってしまった。男性はその後いつまでも独り身で過ごしながら、懐かしむようにグマー三線を鳴らすのだった。その音色は村中に響き渡り、人々の涙を誘ったという。

そのグマー三線として伝わってきたものを、私が財産をかけて譲り受けたんだよ。木はね、雑木だよ。黒木でもない、ユシギでもない。でもね、だからなんだというのか？「馬鹿な買い物をした」と笑う人もいたけどね、私はこの三線に惚れたんだ。私の宝物だよ。

形見にもらった三線の供養として

その友達はニコニコとして、ずっとこの三線を眺めていたよ。だけどね、人生には困難がつきものなのかね。それから十年後だったかな、友達は肺炎で亡くなってね。亡くなる少し前にね、「あのグマーはあんたにあげる。私からの形見と思って持っていてね」と言ってくれたんだ。

だからね、この三線に興味や縁をある人がいれば、招いて、三線を弾いてもらうことにしてるんだよ。そうすることで、遊郭の女も、そして友達も、供養になる気がしてね。だからあんた達が来てくれたのも嬉しいわけさ。今では古い三線に興味ある人もうんと減ったからね。感謝してるよ！

その三線は南風原真壁型であった。天は真壁型、鳩胸は南風原である。棹は310グラム　塗りなし　胴内部に「那覇　辻　ウサ」の墨書き有り。芯を調べてみると、なんと、爪裏付け根部分が六角であった。通常、棹の芯は四角形であるが、付け根部分が六角なのはこれ以後も見たことがない。

帰り道、Mさんは私たちの車が見えなくなるまで手を振り続けた。ずっとずっと。

最近、Mさんのことを思い出した私は一人、名護に向かった。そして家を訪ねたのだが、そこはもう更地になっていた。

あの日、手を振り続けたMさんが恋しくて涙した。

あの三線のことも思い出すと、泣けて切ない。

摩訶不思議な重量のある三線

謎多き三線

現在流行りの都市伝説的なものが、もう随分と前から沖縄三線の間では存在している。これはそんな摩訶不思議な三線のお話。

その謎多き三線とは、棹の内部に鉄棒が密かに入った与那城だった。しかも大正期ごろに作られたというもので、持ち主さんの家に代々伝わるものだった。

今から十三年ほど前、古くから伝わる三線の調査のため沖縄本島北部の、芭蕉布の里として知られる村へと車を走らせた。この三線について聞いていたのは、「最も重量のある黒木三線として代々伝わる物」ということだけだった。「重量のある」というところから、どれほどの良材なのか？または極太の作りなのか？　と色々と想像していた。

持ち主さん宅に到着し、仏壇に手を合わせた後、早速その三線を拝借した。すると、受け取る際に危うく三線を落としそうになるほど、その与那城は重かった。いや、これには驚いた。

そこで丁重に胴を抜いて棹を確認したが、なぜだか、芯部分ではなく、野部分がやけに重たく感じた。「これは何か内部に入っているのでは？」と思ったので聞いてみたところ、当時で九十歳は超えていらっしゃるであろう持ち主さんもわからなかった。

爪裏を見てみると、芯の正面に当たる部分のちょうど3分5厘ほどの位置に、黒木材で作られた円状の蓋（大きさ約5㎜）がされてあるのを発見し、これは何か埋め込まれているぞと気がついた。しかし、これは機械的なもので開けられたものではないことは一目瞭然で、一体どうやったのか、また何が埋め込まれているのかが謎であった。持ち主の方に事情を説明し、どうしてもこの謎を知りたい、調べさせてほしいと許可を得、３日の約束でお借りすることができた。

後日私たちは知人宅へ集まり、知人の持っている機械でこの棹のX線写真を撮影し、現像してみると、そこにはなんと一尺五寸の長さの鉄棒が埋め込まれていることがわかったのだ。それにしても一体どうやって？

どうやって鉄棒をいれたか

ギターやベースギターにはトラスロッドと言われるネック調整のための鉄棒が入っているが、材と指板をくっつける工程があるため、挿入は容易である。しかし三線の棹は一本木だ。爪裏から実に真っ直ぐにはみ出ることなく、垂直に穴を空けるのは大変な作業であることは予測できる。大正の頃に一尺五寸余りの長さに棒状の穴を空ける技術が沖縄にはあったとは思えず、どうやったらこのようなことができるのか？　思いをめぐらせていると、昔の方々の穴あけの方法を思い出した。それは、鋭い棒状のものを火で炙り、それをグイと押し込み、焼いてカラクイの穴空けに用いたという話だった。そうやって棹の真ん中にじっくりと穴を開けていくのは、簡単なことではない。そもそもそれがなんのためなのかもわからず、途方に暮れた。

それから三日後に持ち主さんへ三線を返して、実証の結果を報告した。

「これはどうやったのかはわかりませんが、中に鉄棒が入っているため、このように重量があることがわかりました。でも、どうやってこの棒を入れることができたのかは、おそらく現代の職人でもわからないはずです」と伝えた。

木がやわらかくなる時間

するとと持ち主さんが話した話がまた摩訶不思議だった。

「ああ、私の祖父の代までは木材を扱う仕事をしていたからね、やんばるで木を切り倒す仕事だった。だから木の動きや性質にも大変に詳しかったよ。本当に魔法みたいにどんな風にも加工していたさ。おじいは旧暦の晩の丑三つ時に合わせて出かけて行きよった。だから夜は寂しかった。一度だけ『なんで丑三に森に入るの？』と聞いたことがあった。そしたら『木がやわらかくなる時間というのがある。簡単に穴も空けられるぐらいに柔らかくなる。もしもお前がおじいのように木を切る仕事で飯を食いたいなら、そのやり方を教えてやる。だけれど簡単にその技は教えられない。もう少し大きくなったらその技を教えてやるさ』と言っていた。私は子供だったから、夜中に森に行くのも怖いし、その時のおじいの話口調が真剣だったのもあって、なんか怖くなってね。おじいもその後何年か経って亡くなったから、もうそのことはわからないけれど、あんたたちの話を聞いてその話を思い出したさ。もしかしたら、この三線はおじいが穴を空けて棒を入れたんじゃないかね。」

余りに不思議な話に、私たちはキョトンとしてしまったが、なぜか胸はワクワクとしたのだった。私の仲間には疑って馬鹿にするものもいたが、ただこの穴あけに関しては、機械を用いたものでなく、そこは否定することができないため、謎は一層深まるのだった。

現代の私たちが想像もつかない自然と人間との見えざる一体感というのがあって、一部の昔の人は時々その力の恩恵を授かって仕事をしていたのかもしれない。

神社の鳥居のチラナガー三線

取り壊した神社の廃材で生まれた

これは沖縄だけにとどまらない関東の古い神社に関係する三線のお話。

知り合いの古典音楽の先生から、相談があるということで電話があった。沖縄市の故饒波正廣師範が「面白いやつがいる」と言ってあちこちに私を紹介してくれたご縁であった。その電話というものがこんな感じであった。「内地の神社の鳥居で作った三線があってね。面白いと思って買ったんだ。ちょっとみにこないか？」

私はそのまま沖縄市の稽古場から先生の住む北谷町の住宅街に向かった。早速三線を拝借してみたが、チラ（顔）の長い与那風の形で、私は「大和風のチラナガー三線ですね」と軽い調子で言うと先生は笑っていた。茶系の材が芯から確認出来たが、三線に使用される代表的な材ではないなと言う感じがした。これはどんな三線なのかと話を聞くと、その三線の作られた経緯というのがユニークで、さらに興味深いエピソードもあると言って話が始まった。

関東のある田舎村に檀家さんもいない古い神社があった。引き継ぐものもなく取り壊されることになった。その時の解体業者は沖縄好きで三線も好きであった。取り壊し前の段階で鳥居に使われていた材が太く実が締まっていたことから、これを使用して三線を作ってみてはどうかと考えたのだった。解体された鳥居を一メートルの長さに分解してトラックに乗せた後、製材所に持っていって角材にしてもらったあと保管した。その後知人の津軽三味線職人の工房へ出向いて、これを沖縄の三線にしてくれないかと相談を持ちかけた。津軽の職人は「いやあ、これは難しいな。私は沖縄の三線は作ったことがないよ」と一度断ったのだが、その翌日に電話があって「ぜひ作ってみたいと思ってきたので手がけてみようと思う」と引き受けてくれた。

実は引き受けたその夜に、解体業者とその津軽の職人は全く同じような症状で高熱を出して寝込んだのだという。思えばこれはこれから起こる不思議な出来事の予兆だったかもしれない。それから半年ほど後、津軽の職人から「完成したのでみてくれないか」と連絡があった。彼は楽しみに職人の元に向かった。すると半年前の彼とは少し様子が変わっていた。以前は若々しく凛々しい人だったが、いつの間にか痩せこけて疲れている様子だった。礼を言って「仕事ばかりせず少しは休むように」と声をかけたところ、「いや、最近夢を見るのだが、森の中に自分が立っていて、人は誰もいない。風が強くて木々が激しく揺れている中、どこからともなく『作れ、作れ』と言う声が聞こえる気がしてね」と言った。なんのことやらと思いながら彼は店を後にした。

それから三線は同じ関東人のサークルの分当て（「分当て」とは「ブーアティ」と読み、棹と胴の弦高調整などのバランスをとる作業）ができる仲間に依頼してチーガをつけてもらった。鳴りはなかなかのもので、これで今度沖縄である民謡大会に団体出場する際にはこの三線で演奏しようと張り切っていた。翌週、分当てを引き受けたメンバーが休んでいたので「体調は大丈夫か」と連絡をしたところ、先週から高熱が続いていると言う。どうしたのかとは思ったものの、あまり気にとめずにいた。

沖縄行きの日になり、彼は三線と着物の衣装を抱え、那覇空港入りをしたのだった。しばらくして津軽の職人から着信があったので、彼が折り返しの電話を入れると「あの着物の女の子は寂しくないよね？」と急に聞かれ、一体なんのことかわからなかった。彼は職人が気がおかしくなったのだと思って、いろいろ話をして少し落ち着いた様子だったので電話を切ったのだった。あの着物の女の子とは何のことかと引っかかりながら、彼は民謡会場へ向かった。

職人の言う〝着物の女の子〟とは

北谷町の自宅でその先生は続けてその三線の経緯を話し続けた。

津軽の職人からおかしな電話があった後、彼は民謡のリハーサル会場へ急いだ。着付けの広間でみな三線を弾いて練習したり雑談したりしていた。内地から来た彼にはまだ知人も少ないので、外で一服しに行って戻ってみると、人だかりができていた。何かと思うと、有名な民謡歌者が自分の三線を抱えて速弾きをしているではないか。「断りもなく人の三線で」と思ったが、あまりの音色の良さにみなうっとりして聴いていて声をかける雰囲気ではなかった。演奏が終わった頃、「これは誰のどんな三線かね」と歌者が聞いてきたので、「これは私の三線ですよ」と伝えると、「ヤナカーギ（不恰好）だが人を魅了する音だね」と言った。歌者なりの褒め言葉だった。

その後、本番まで三時間もあったため、彼は会場である沖縄市民会館の周りを観光することにした。コザの外国人街を一回りし、タコライスを食べ、さて本番に近くなったと広間に戻った。着付けをし直して三線を取り出そうとみると、ケースに三線がないことに気づいた。どこを探しても誰に聞いても分からず、みなで捜索することになった。本番前の慌ただしい最中である。彼は一心に汗だくで探した。まさかと思いながらも通路を通って屋外に出てみた。すると、建物の階段のところで着物を着た同じ協会と思われる男性が三線を抱えてしゃがんでいるのが見えた。時刻も夕方で薄暗く気味が悪いが、そっと近づいて「あのすみません」と声をかけた。すると男性は三線を差し出しながら泣いていた。理由を聞いたが何も答えないため、人を呼び、仲間が彼を抱えて楽屋に戻っていった。彼は脱水症状を起こしていた。その時私の着信音が鳴り出したので、誰かと思いみてみると津軽の職人からだった。彼は「あの子寂しくないよね？　ね？」とまたおかしなことを言っている。これはもう何か悪いことが起こっているに違いないと感じた彼は、本番の出演は控え、体調不良の男性の先生にことの流れを相談し、結局その先生がその三線を預かることになった。「その預かった先生というのが、この私なのだよ」と先生は語った。

この話を聴いてチラナガーなのは、津軽の型を取り入れているからなのかと納得した。それにしてもその津軽の職人さんと持ち主さんと体調不良の男性はその後大丈夫なのかと聞いてみた。

「実は預かった後に有名なユタに見せたところ、七箇所の沖縄の御嶽廻りをして線香と重箱を持って祈る必要があると言われ、私たち生徒たちも一緒に廻ってみたんだが、良くならんかった。他にもいろんな解決法を教えてもらったりしたがダメで、中には『津軽の三味線の神様と三線の神様が怒っているから災いが起こった』というものまでいた。どうしたものかと途方に暮れて、饒波先生に相談したところ、まずはウチの三線ボーイ（筆者）に聞いてみようということになったんだ」と話してくれた。

私は「関東のお弟子さんに戻された方がいいんじゃないですか」と言った。これでは三線が厄介者扱いになっている気がしていたからだ。すると先生は悩んだ顔をして「実は弟子の一人が色々調べてくれたのだが、その関西の壊された無人神社には昔から、鳥居の上に着物姿の女の子が出るという幽霊話があることがわかったんだよ。昔、野球部の練習生が夕暮れ時まで神社の階段で走り込みをしていたそうだが、部員の一人が鳥居の上に女の子が座ってニコニコ笑っているのを見た。驚いた部員が他の仲間にもそれを知らせると、他の人にもそれが見えたので大騒ぎして逃げ帰ったという記事を見つけたんだよ。その話を持ち主の彼にしたら怖がってしまってね。津軽の職人は自分のせいで呪われてしまったんじゃないかと言って責任を感じてしまい、落ち込んでしまっているんだ」という。なんとも不思議な話である。ということは津軽の職人が「あの女の子寂しくないかな」と繰り返していたのは、その女の子のことなのかと思わざるを得なかった。

三線を可愛いがってあげる

私は返答に困ってしまったが、思ったことを話すことにした。「正直、神様の祟りだとか呪いだとか言って、ますます恐怖ばかり掻き立ててしまうのは馬鹿馬鹿しいと思います。まずはこの三線を毛嫌いせずに、持ち主のところに返して、手を合わせた後にたくさん演奏して可愛がってあげたら、霊障のようなものもよくなっていくのではないでしょうか」と話してみた。

そして沖縄でも有名な命取り三線のことや知っている限りの情報と解決法として、偏見なく可愛がってあげることがいちばんの供養になっていた事例を話してみた。

すると先生も理解してくださり「そうだそうだ、確かにそうだね！　私たち人間は何を恐れてしまっているのか！」と、関西のお弟子さんに電話を入れて事情を説明し、三線を送り返すことに決まった。それから一ヶ月後に先生から電話があり、あのチラナガーの結末を話してくれた。

その後持ち主は解体した神社周辺を訪ね歩いて、事情を説明して女の子のことを聞いて回ったところ、ようやく一人の老婆から話を聞くことができた。老婆はこの土地に昔から住んでいる方で、昔の話を聞かせてくれた。それによるとあの神社には座敷童が出ると言って終戦後しばらくは大切にされていたという。子宝に恵まれるようにと願う家族や子供達が、座敷童にお菓子やジュースを買って鳥居に置いて供えていたりした。誰も怖がるものなどなく、むしろ座敷童に会いにいく目的で神社を訪ねるものもいたという。しかし、田舎町にもテレビが普及しだすと、人々の関心は自然や風習よりも、流行に目を向けるようになっていった。町は不便だと言うことで段々と人は市街地へ越していった。気づいたころには座敷童に会いに訪ねる人もいなくなってしまったと寂しそうにその老婆は話して聞かせてくれた。持ち主は車に乗せていた三線を取ってきて、あの神社の鳥居が廃材になるのは勿体無いと思って沖縄の三線にしたのですよと説明した。すると老婆は「何も無くなってしまったかと思っていたが良かった、良かった」と言って大変喜んでくれた。それから少し無理を言って、元神社があった空き地に行き、買ってきたお菓子などを供えて手を合わせた。彼は頭の中で、幼年時に親に連れられて近所のお寺に言って手を合わせていた頃の思い出が蘇った。大人になってまるっきりそんな習慣も無くなってしまった自分や時代に悲しさを感じ、涙が流れたと言う。きっと女の子も霊の世界も、寂しいのだろう。昔よくじいちゃんばあちゃんに「お天道様が見ているよ」と言われて育ったのに、今は監視カメラやドライブレコーダーなどの動画ばかりだ。いつの間にか心に目を向けなくなってしまったと。

津軽の職人にもことの流れを説明した。彼は最近休みがちであったが、その後健康は回復し、今は元の状態以上に元気になって働いているという。悪い事態を引き起こしたかのような展開であったが、私たちにもう一度心の目を養うことを教えてくれた素晴らしい話だと思う。私もこの三線に関われたことを感謝している。

先日、持ち主の男性が自身のＳＮＳであのチラナガーを笑顔で演奏する動画を見る機会があった。「ああ良かった」と心から思った。災いや祟りを優先して信じることよりも、一丁一丁が素晴らしい機会を与えてくれる宝物であることを教えていただいた。

ハナンダ三線をめぐる物語

ハナンダ三線の由来

ハナンダ三線とは昭和期に最も恐れられた怪奇三線であった。中でも所有するものの命を取ってしまうという、いわゆる「ヌチトゥイ三線」として悪名高く、長い間信じられてきたものだった。

もう十年も前のことであった。幸運にも私は、那覇市識名の故湖城恵永さんの工房の隅に、小さな資料があるのを見つけた。許可を得て手に取ってみると、それは手書きの簡素な資料で、村山盛一さんという愛弦家が昭和六十二年三月に書き留めた「ハナンダ三線の由来探訪記」という題名の冊子であった。良かったら貰いなさいと言って頂いた資料をもとに、更にハナンダについて深掘りしてみようと思う。

池宮喜輝先生の『三味線宝鑑』には「具志頭村湊川ハナンダの洞穴から出たもので、ウチャタイマグラーが所持して居た三味線との言い伝えがある。按ずるに、御茶當眞五郎は尚円王時代にかかる伝説の人物、その時代に与那型の三味線があったとは思われない」とある。

ハナンダ壕は地元では按司墓とも呼ばれる。ハナンダ壕の名称については二説あるとされ、一説は壕の入り口の岩が人面に似ていて、鼻汁が垂れているような状態を指すという。もう一つの説は、所在地の地名である花田を冠して花田壕と言っていたのが訛ってハナンダとなったという説である。

いつの時代のことかは不明であるが、私が聞いたハナンダ三線の話は、このハナンダ壕はその昔風葬の場でもあったという話で、ある時、壕の中で三線を抱いたままの遺体を見つけた男がこっそり三線を取って帰ってしまった。その三線を取った男がその後早死したが、その三線を別のものが所持したところ、その男も死んだ。そのことから「遺体から持ち出した三線の呪いに違いない」と噂が広まり、以後ハナンダ三線の奇妙な物語の始まりとなったとされている。

しかし、この前置きとは違う興味深い話を聞いた。私が野村流の古典音楽を学んでいた時期のこと。琉球舞踊の手合わせで訪ねた野村流音楽協会師範で県指定無形文化財保持者であった故佐久田朝雄氏の稽古場で三線談議をしていた時のことであった。

「私もハナンダ三線を手に取ったことがあった。名護の三線屋が手に入れて一時期私の所で預かっていたが、みんな気持ち悪がって誰も買い手がつかなかった。当時で二十万円の値だったが」と話した後で次のように佐久田先生の見解を示した。

「ハナンダ三線の名前の由来は壕の名前だとかみんな言ってるけど、それは違うよ。ハナンダは王府時代の庭師の事なんだ。だから由来はこうだ。昔、屋敷に雇われているハナンダ（庭師）とその屋敷の娘が恋に落ちた。勿論、身分の違う二人が一緒になることは許されなかったため、庭師と娘は隠れるように愛を交わしていた。その二人の関係を知った主は怒り狂い、庭師を刀で切り殺してしまった。娘は大変悲しんで、二人で歌って遊んだ愛用の三線を風葬場の壕の遺体の上に置いて祀った。その三線を誰かが持ち出したことから噂は広まったというわけだ」

私はハナンダ三線のことを思い出すと決まって笑みを浮かべて話してくれた佐久田先生のことを思い出し寂しくなる。あれほど三線が好きで好きでたまらないというような方が、如何に少なくなったことだろう。

ハナンダ三線探訪

さてハナンダの由来だが、昭和五年以前の情報を究明することは困難であるが、佐敷の故照喜名朝福さんの話で、佐敷村津波古の瀬底三郎という人が若い頃にハナンダを弾いたことがあるそうで、その方の話では、「私が弾いたハナンダは真壁型だった。昔、勝連田場（カッチンターバ）という人がその真壁を持っていたが、その人から呼ばれて良く弾いた。誰から何処で買い求めたか聞いたが教えてはくれなかった。その真壁のハナンダは戦前、大阪方面へ渡ったということを誰からか聞いた憶えがある。」

この真壁型のハナンダが存在し、戦前大阪に渡ったのであれば、一体どこで誰が所持しているのだろうと思いを巡らせるが、見つかる確率は皆無に等しい。

更に照喜名朝福さんからの秘話である。「戦前、玉城村糸数の『門の主（ジョーヌシュウ）』という人が真壁を十五円で買った。そのとき、門の主から聞いた話だが、与那城型のハナンダは門の主が十一円で買って、その十倍の百十円で親ヶ原の布哇帰りの「アカタンメー小」という人に売ったそうだ。その三線は糸蔵長与那で芯の穴が二つであった。アカタンメー小の姓は儀間と聞いた覚えがある。」

しかし、もう随分前にハナンダ三線探訪をした村山がこの照喜名さんの話をもとに調査を行っていたのであった。話の続きはこうである。アカタンメー小を知っているという人物を見つけた村山は、昭和五三年に玉城村親ヶ原の元校長喜舎場さんという人物を尋ね、こう記している。

「アカタンメー小ではなくアガタヌ前小である。『三味線宝鑑』に載っている眞造は眞信の兄であり、昭和八年頃、布哇から引き揚げて農業に従事していたが、戦争中に玉城村仲村渠の上江洲口という壕で死んだ。儀間眞信は九十歳で死亡した。当時相当高い値で買って持っていた有名な三線であった。家一軒建つほどの価格であるということであった。眞造の二男で、眞裕（当時七十八歳）が読谷の外人住宅跡に住んでいて健在である。ハナンダを持ったから早死したという事実はない」と証言を得ている。

また眞信の息子は幼い頃にハナンダというあだ名が付けられていたほど、ハナンダは有名な三線であったそうだ。眞信は片目が見えなかったが、それは三十歳ぐらいの時に布哇でバナナを切り倒した時に樹液が目に入り、それが原因で目を患い、片目は眼球摘出となって片目となった。それが理由で「ハナンダを持ったせいで目を失った」と噂されたが、ハナンダを所持するずっと前から目を患ったので、ハナンダとは全く関係がないと断言されたそうだ。

ハナンダ三線、ハワイへ（昭和五十三年七月八日聞き取り）

村山は布哇へ電報を送りながらハナンダと関係のあった人物を紐解いていくのだが、ひょんなことから布哇へハナンダを持っていったという小禄の上原さんという人物にコンタクトすることに成功。那覇市開南から神里原向けに下ったところの「新栄橋」近くの上原茶舗にいるとのことで早速訪ねることにした。上原亀さんが松尾の消防署近くの照美荘というホテルに滞在中とのことでそのホテルを訪ねて、上原亀（当時九十二歳）と面談に至り次の話を聞き取った。

「ハナンダは年代も値段も忘れたが戦前、再渡航したときにウイジグチ（上江洲口）のカナーヤッチー（儀間眞信）から買った。上江洲口は我々の元祖だから拝みに行っていて、その時に三線を見つけて買った。その三線を何時ごろ布哇に持って言ったかは忘れた。布哇で牛乳屋をしていた城間ボーイ（城間忠明）がヌズミカカタクトゥ（強く所望したため）売った。ウタイコータイ（売り買い）はドルだったが、いくらで売ったか覚えてない。当時はドルは相当の値打ちがあったので、沖縄で百円といっても布哇では僅かだった。そのハナンダは城間ボーイが沖縄に帰って佐久本三味線屋で取り替えたそうだ。」

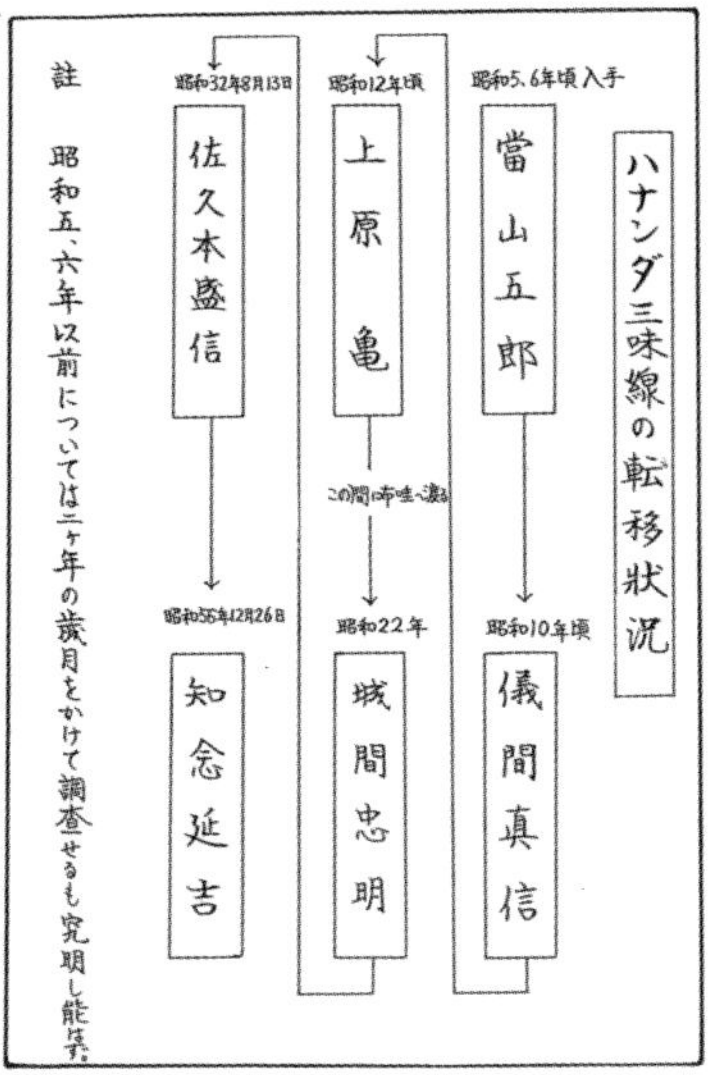

村山盛一「ハナンダ三線の由来探訪記」より

　その後ハナンダ三線に関する悪い噂について所見を求めたところ、持っている間も悪いことも起きないし、そんなものは買うはずがない。布哇で長い間持っていたが何のこともなく、私も儲けてこうして九十歳の今も元気だ。また上江洲口のカナーヤッチーも九十歳まで長生きして、子供も成功している。布哇の城間ボーイも元気で牛乳屋をして儲かっている」としてハナンダにまつわる悪い噂を強い態度で全面的に否定された。

時々話題に上がる門の主とは、玉城村糸数の屋号「門」当山五郎（明治十五年生）昭和三十三年に七十七歳で没した。そこで村山は協力を得て五郎の嫁さんや娘、息子、従兄弟の数名を集めてハナンダ三線についての情報を集める雑談会を設け、次のようにまとめている。

1、ハナンダ三線は昭和五年頃当山五郎が湊川方面の人から買い求めたもの。

2、五郎はその三線を四年ほど所有してから親ヶ原の布哇帰りの人に売った。売値は、当山隆永が百円。知念延吉が百二十円。知念三郎が百円。とそれぞれ異なった価格を当山五郎より聞いている。

3、当山隆永はそのハナンダ三線を当山五郎が所持している間、何度も見たりきいたりしたことがあり、形状についても相当詳しく熟知しておる人であるが、棹や芯に少し手直しをされた痕跡があるが、糸蔵や天などの形状からして、当間が所有していた三線は村山が持参した三線と相違ないと断定した。然し、胴は当時のものではなく、芯先の象牙も以前はなかった（何処かの時代で三線屋によって修正が加えられていることが分かる）。

また余談で、当時当山が所持していた頃、冨里のコウヌイチ「大城幸之一」（戦前県会議員、国会議員を務めた）が自分が持っていた開鐘三線と比べて弾いてみたが、ハナンダのほうが良く勝っていたと評判だったと記されている。

ハナンダ三線のその後

昭和五六年七月、布哇の城間忠明氏が来訪されてハナンダ三線について次の通り語った。

ハナンダは、布哇のワイケア耕地という所で見て良く鳴るので一九四七年に上原亀さんがウランパー（売りたがらない）してたが、強く頼み込んで買った。値段は上原さんがいう通り百二十五ドルで買った。その三線は上原さんから買って十年も所持していたが、その間別に異常なこともないし、牛乳屋をしているが事業も順調に進展している。

一九五七年に来沖した際、蛇皮の張り替えのため持参して佐久本に頼んであったが滞在期間が切れて布哇へ帰る間際まで出来ていなかったので、佐久本所有の真壁と替えた。

布哇で屋嘉比朝寄の直系の子孫という新聞社に勤めていた人から聞いたが、昔、江戸上りの年頭使が糸蔵長の与那城の三線三丁を江戸に持って行ったが、そのうちの一丁は芯穴が三つ、一丁は二つ、一丁は一つだったとのことである。だからハナンダはそのうちの一つではなかったかとも言っていたそうだ。実に貴重な話である。

昭和五六年十二月二十六日、玉城村糸数の知念延吉が佐久本より譲渡。

ここで村山の記録は終わっているのであるが、そこから更に転々と所有者を変えていった。

佐久田朝雄先生は名護の上原さんから預かって一時所持していた。また識名の湖城さんもしばらく預かっていたが、その後は南城市在の方に渡ったことまで突き止めた。

照喜名朝福さんにそのことを伝えると、できるならばあなたと一緒に私ももう一度拝んでみたいから進展があれば教えてほしいと話されていたが、結局のところ叶うことはなかった。

現在の持ち主さんは三線に関心がなく、所有者だった親父も亡くなっているため、人の手に触れられないように鍵をかけ保管しているそうである。ハナンダが人前に出てくる機会はまだまだ遠い未来のことであろう。

名器は使われてなんぼ、その価値に心打たれたものによって愛されてこそ飛躍するのである。

V　私が出会った名器

『琉球三味線宝鑑』の三線が教えてくれたこと

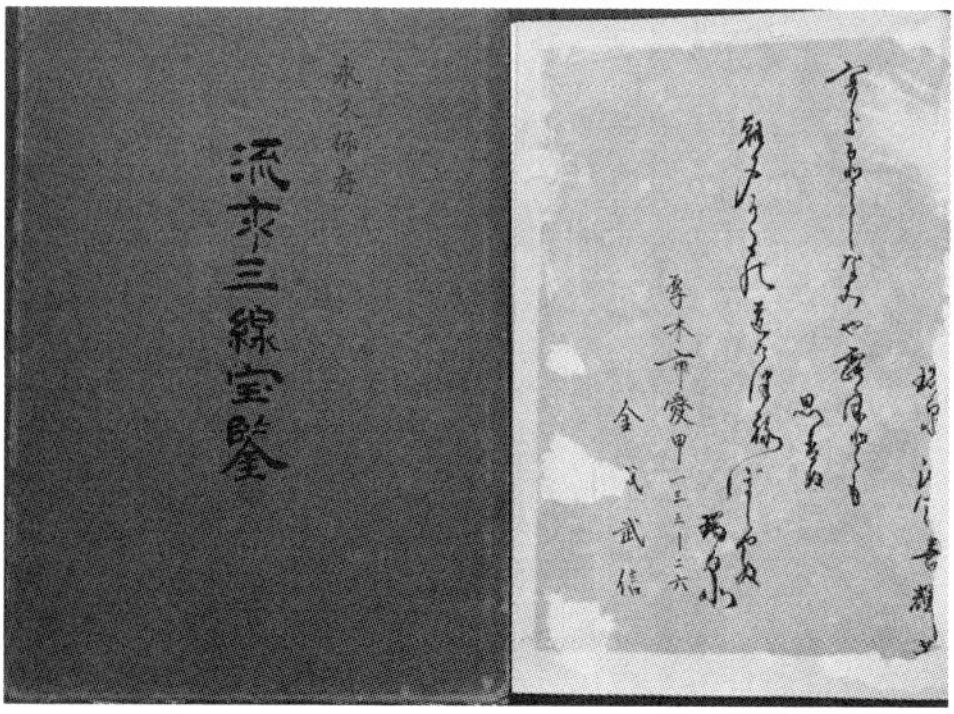

初版の『流求三線宝鑑』(奥付は『琉球三味線宝鑑』)。
『琉球芸能教範』(月刊沖縄、1987 年)に再録。

数ある三線関連書の中で最も影響を受けたのは、野村流の大家である池宮喜輝先生の『琉球三味線宝鑑』だと思っている。

歴史的に大事にされてきた興味深い三線を探しもとめていた頃、様々な想いを発散できずに意気消沈していた私だったが、たまたま図書館でこの書を発見した時は驚喜した。私たちのはるか先輩たちは、私たちの予想を超えた三線への特別な想いや認識があったのだと知ることができたからだ。

私のような人間がこのように三線の本を書かせていただくきっかけを与えたのも、この書との出会いがあったから。

この本の中には現在広く知られた県指定の開鐘三線をはじめ、多数の三線が掲載されているが、それ以外の三線にも深く興味を抱いた。

この本のために池宮先生は国内外を自分の足で周り、完成した時には喜びのあまり、人生で二度目の男泣きをしたというエピソードが残っている。

琉球王国が滅びた後も引き続き三線を学び習得するということは、特別な意味があった。時代が変わり、戦火で生き残った三線を本書に収め、所有者の名前を記載し掲載することでその後も三線は無事に保管されるのだという強い思いが伝わってくる。

しかし、戦後から現在まで多くの時代の流れと共に（様々な事情もあって）この本に記された多くの三線の行方が分からなくなっているのも事実である。そこで私はこの三線のうち一本でもこの目で確かめたいと願った。不思議なものでこの本に出会ってからしばらくして、行方の分からなくなっていた三線を実際に数丁確認できるまでに至った。

ここでご紹介する三線が後世の人々の研究や記録書として活用してもらえるようにと願いを込めて掲載する。なお書名は『琉球三味線宝鑑』に統一した。

ご紹介の前に現時点で私が確認できたことを次にあげる。

・『琉球三味線宝鑑』に掲載された三線は、「棹に修止がないもの」と言われているが、実際にはそうではない。鳩胸や天や芯に古い継があることが確認できているため。専門家の意見でも、これが本の調査当時のものでなく、戦前のものであること。したがって「名器は継がれていない」という、世で一人歩きした常識は事実ではないことをここに記す。

・当時の先生方の間では「平仲知念型」の区別がはっきり識別されているが、その書の中で「平仲知念」と紹介された三線が、だいぶ後になって別の書で「真壁」と記載されているものもある。

ここで、「真壁」「知念大工」「平仲知念」は、全く違う型であることに念を押しておきたい。

また〝「平仲知念」は、「与那城」に属される〟という古くからの言い伝えが残っている。これは私も実際に明治生まれの先輩から生前うかがった話である。他にも「又吉三線店」の方からもこれが事実で間違いないと言われている。

これを以て、「与那城型」の中に「鴨口与那城」「糸蔵長与那城」「江戸与那城」が属するが、戦前まではその中に「平仲知念」もあったということだ。

・カラクイ、胴、ティーガーの多くは腐敗したか、または破棄されたためにオリジナルの状態で残っているものは大変少ない。
・掲載の三線の塗りが大変劣化が著しかったために塗り替えを行ったが、その塗り剥ぎ時に確認したが、シラタ部分が多く入ったものが多い。中にはほとんどシラタ部分の三線もあった。
「昔の名器は必ず真っ黒な黒木材を使用したから、『琉球三味線宝鑑』の中に掲載された三線はほぼ真っ黒な材が用いられている」という話が、一部で一人歩きしているようだが、それは間違いである。したがって、池宮先生らは棹材の重量などで名器と判断された訳ではない。

以上、正確な情報としてここに記す。

1、山城松平仲知念

『琉球三味線宝鑑』掲載の平仲知念。

所有者の来歴を詳細にたどり発見に至った。注目すべきところは、一見すると真壁か与那城に見えるが、平仲知念であること。戦前の平仲とはどのようなものか。この写真を通して研究の材料にしていただければ幸いである。

材　黒木（シラタ多）

重量　軽量

太さ　細型

芯に修正跡有り

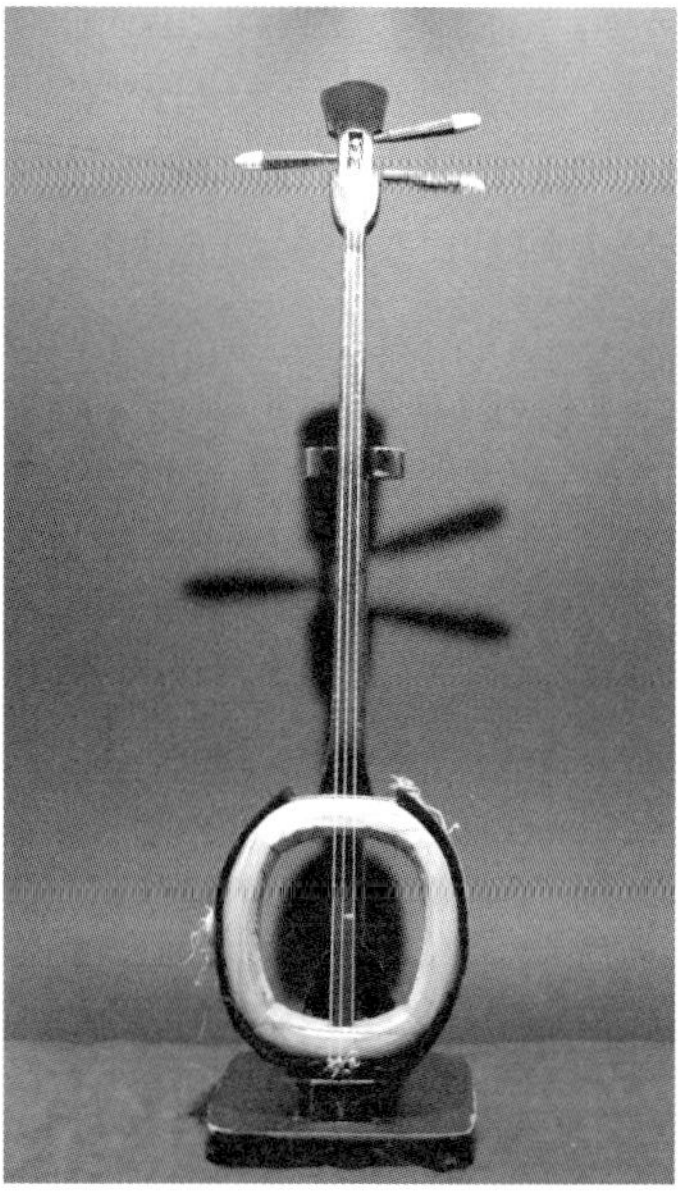

2、ため息が出るほど美しい「守林」

『琉球三味線宝鑑』で掲載された中型の久場春殿。
野村流音楽協会の師範（故人）が所有していたが、亡き後に形見分けをされて本土に渡っていたものを、「研究のためなら」と息子さんの協力で一度帰沖していただいた際に収めた写真。久場春殿としては非常に細めでシャープな作り。芯に「守林」の彫り。
また「又吉三線屋」で復刻された三線もあり、癖や歪みまで忠実に再現されているものがある。
材　黒木
重量　重
太さ　中型
銘　守林
鳩胸に割れの補修跡有り

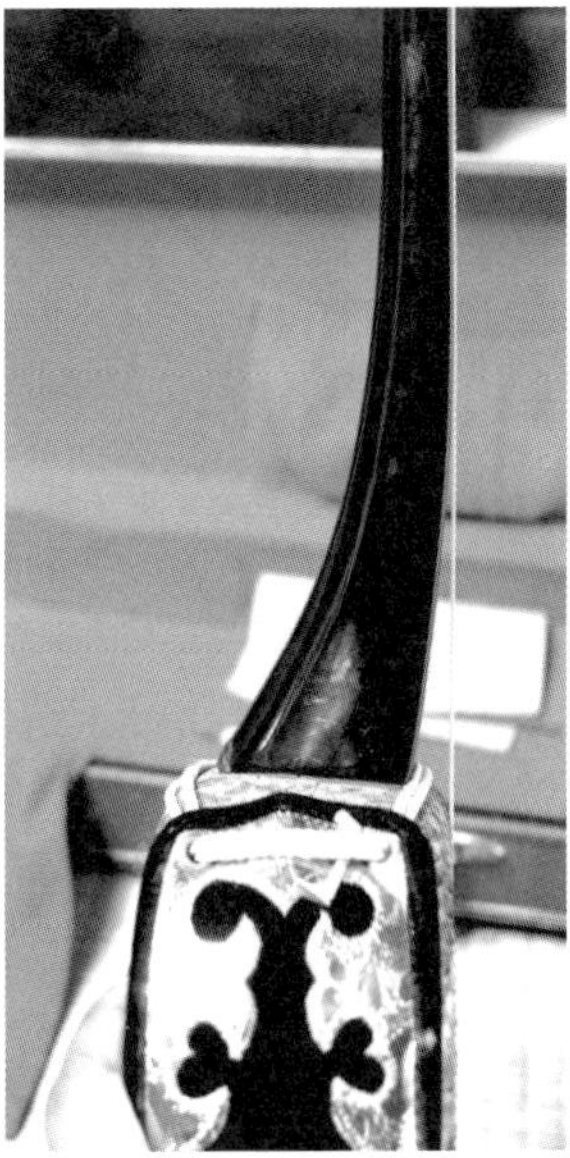

3、大山の与那開鐘

『琉球三味線宝鑑』掲載の王朝期与那城。

古典音楽の師範が所有していたもの。『沖縄の三線』（沖縄県教育委員会）にも掲載がある。開鐘は「真壁型」とされているが、このように「与那城型」にも開鐘とされた三線がある。記録によると南風原型にも開鐘があり、そのため、「後になって誰かが開鐘と名付けたものではないか？」と議論されたが、今後の開鐘研究の課題と思われる。この三線のレプリカを製作する「平安」という方がいて（故人）、いくつか復刻モデルを製作していた。

材　黒木

重量　重

銘　與那開鐘

芯に漆

太さ　大型

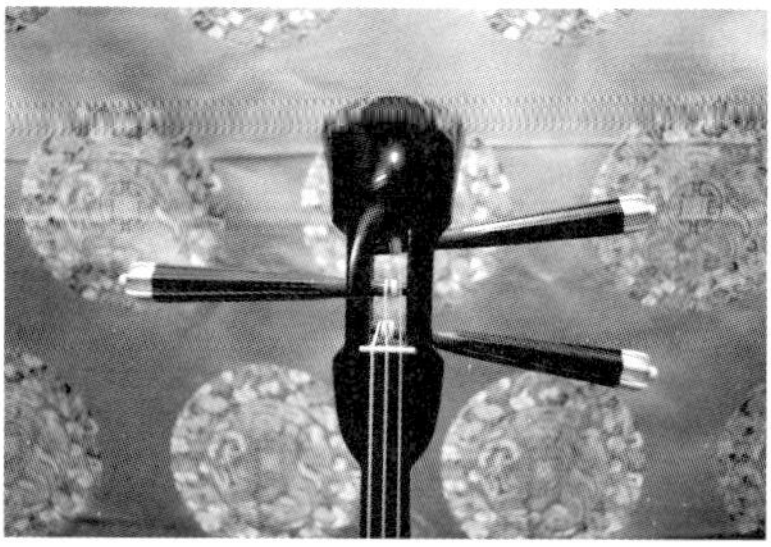

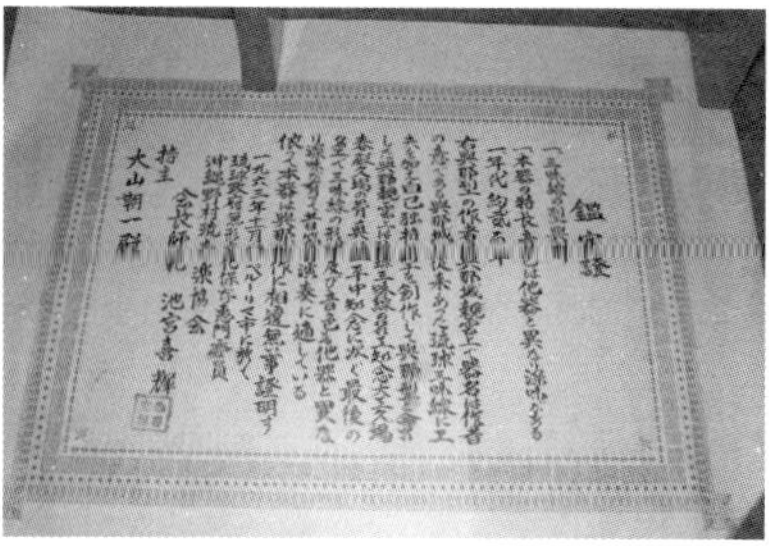

4、仲村タマイ真壁

『琉球三味線宝鑑』掲載のタマイ。
爪裏に印が貼り付けられている。また天裏にもイニシャルが小さく彫り込まれている。
当時の所有者亡き後に長年行方が分からなくなっていたが、調査を行い真作であることがわかった。
材　黒木（シラタ多）
重量　軽量
太さ　細め
銘　爪裏に当時の所有者印と天裏にイニシャルの彫り
現所有者　渡辺孝彦

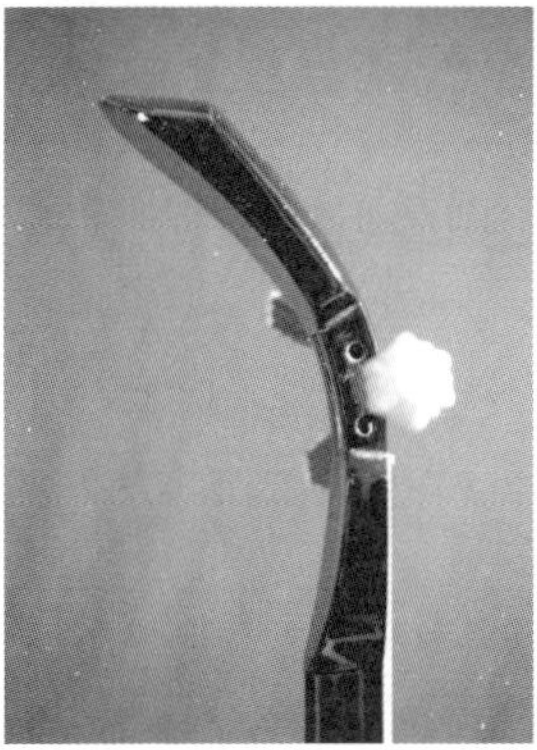

5、比嘉武信氏所有三線

当方により偶然発見された比嘉武信先生愛用の三線。与那城。

比嘉氏は著書にハワイの沖縄人の活動や記録を収めた大型書『ハワイの沖縄人90年』『ハワイ琉球芸能誌』などがある。

古い与那城。天の曲がりに特徴がある。

材　黒木

重量　重

太さ　中型

銘　芯にローマ字で住所と名前のシール

現所有者　渡辺孝彦

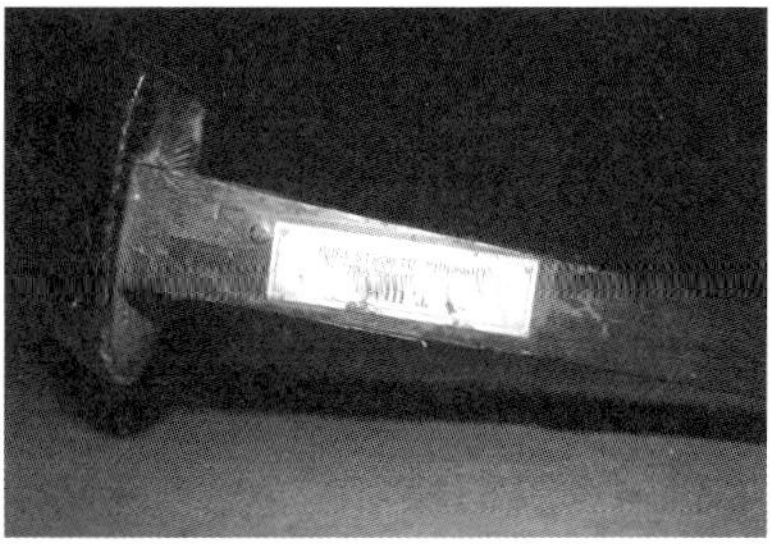

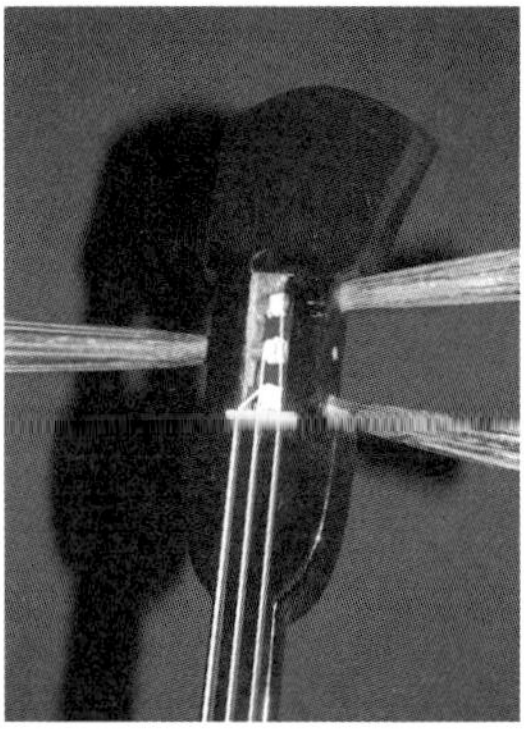

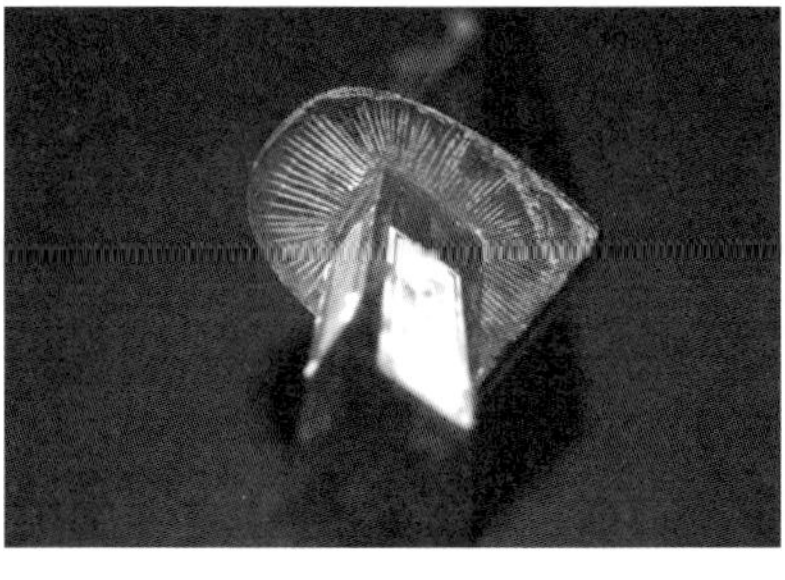

6、尚家伝来真壁三線

尚氏与那覇門中伝来の三線。古い家紋入木箱に納められている。

材　黒木

型　小真壁

太さ　細身

木箱の他に大正期の鑑定書がある

現所有者　渡辺孝彦

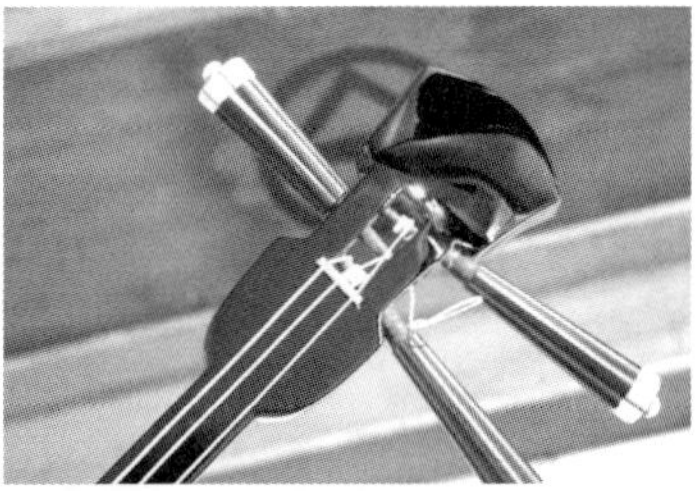

7、「合格」の焼印入り三線

(戦後首里で行われた初期の三線鑑定で押されたもの　照喜名談)

旧具志川市在の知人宅から見つかったもの。

戦後首里で行われた三線鑑定会で、基準を満たしたものには芯に「合格」の焼印が押されたという。その当時の「合格」の焼印入り。

照喜名朝福氏（故人）が当時、実際にその鑑定時の様子を見たことがあると話されていた。現在ではほとんど見ることができない貴重な三線であるため、記録としてここに掲載する。

材　黒木

型　真壁

太さ　中型

芯上部に合格の焼印

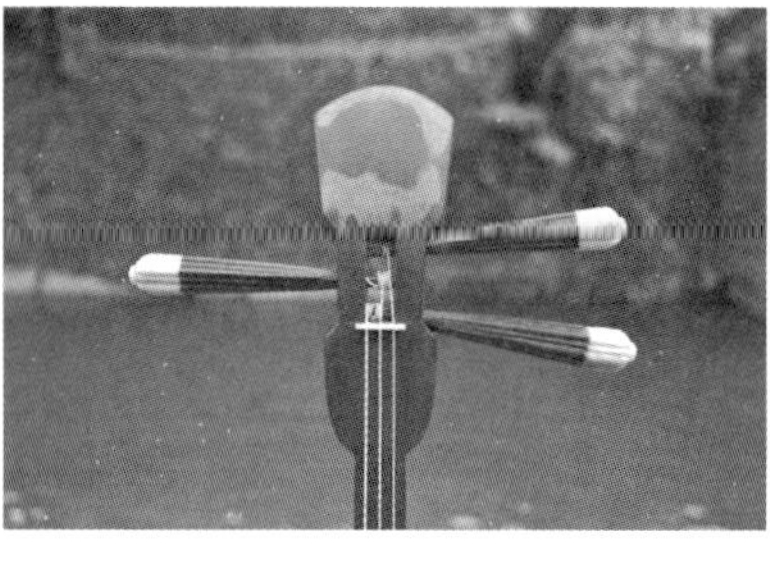

8、知念大工

『琉球三味線宝鑑』掲載の知念大工。『沖縄の三線』でも掲載があり、三線100丁展にも出展された経歴がある。野村流師範が長年保管されてきた三線。大変美しい作りの知念大工。箇所箇所に意味深い作りを感じることができる。

材　黒木
型　知念大工
太さ　中型
芯に激しい網目状のヤスリ跡
現所有者　優慈院日雅

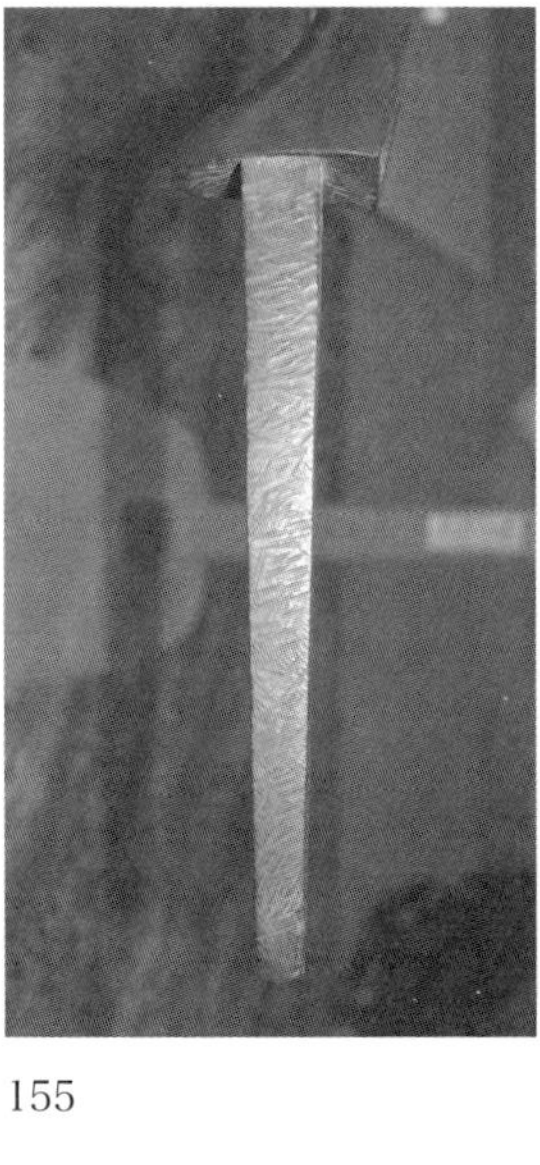

9、平安座ハッタラー

かの有名な平安座ハッタラー愛用の三線と伝わる。
誰も弾いていないのに、飾っていると「テーン」と鳴ることがある不思議な三線だという。
野村流師範の饒波先生（故人）と共にお伺いした時の写真。
持ち主様の取材協力と、他界された師範に、この場を借りて感謝いたします。
材　黒木
型　真壁
太さ　小型
芯上がりの猿尾。トゥーイ深め。

10、久米三十六姓真壁三線

鳩胸や天の側面の作りに特徴のある。代々伝えられた貴重な三線。

材　黒木（ウジラミ）

型　真壁（稍平仲知念寄）

太さ　細め

芯上がりの猿尾。古い胴内に銘

現所有者　優慈院日雅

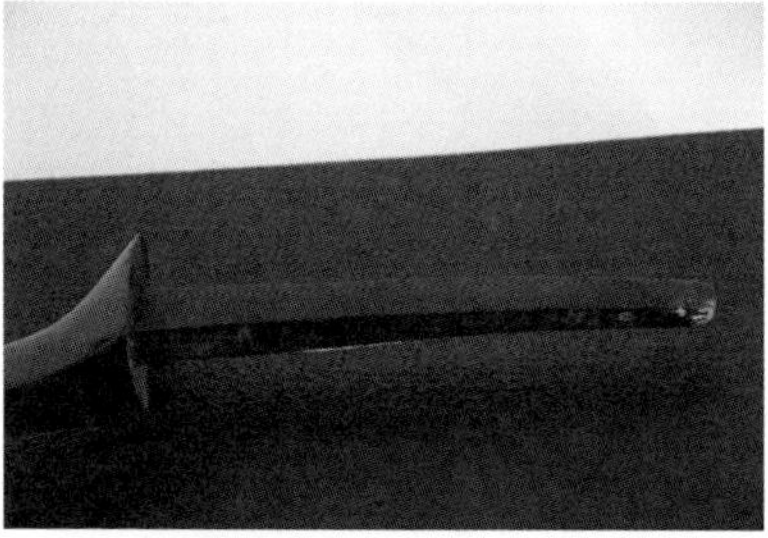

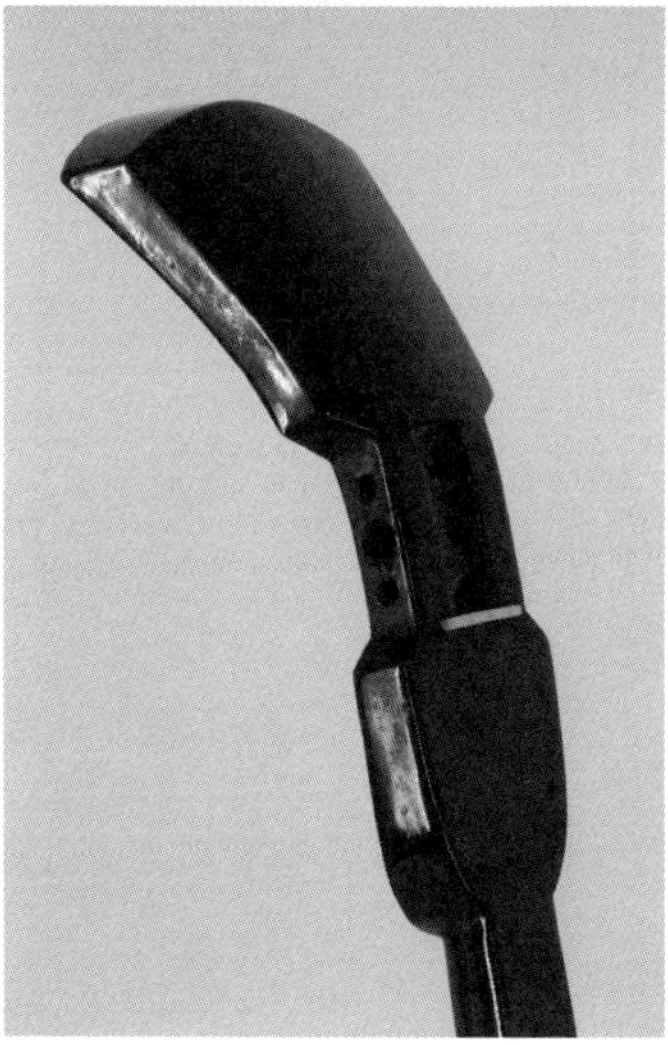

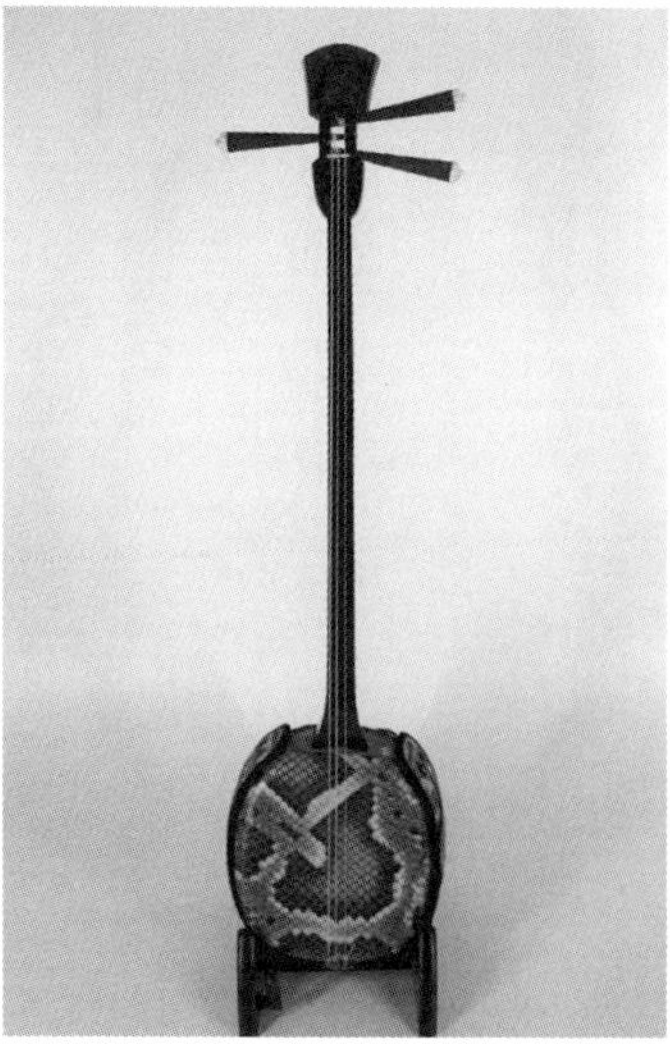

11、西平開鐘と屋良部崎開鐘

ご存知名器の二丁。それぞれ特徴のある芯の作り。

西平は野面と芯に材が波をうっているが、演奏に支障はないため、音色面の工夫とは違い、作風の一つとして残したのではないかと思う。

屋良部崎は真壁作との云い伝えが残っている。芯は荒削りで中央に「×」の印跡有り（「芯に残るヤスリ跡の秘密」を参照）

材　黒木

型　真壁

太さ　西平大型　屋良部崎中型

西平芯正面に「西平」の彫り

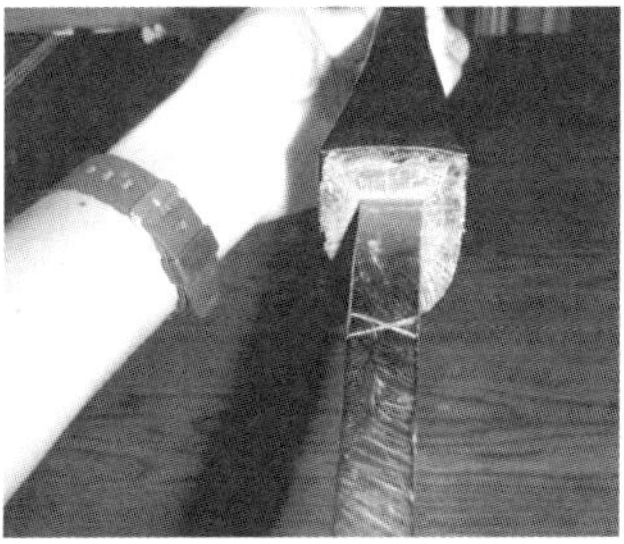

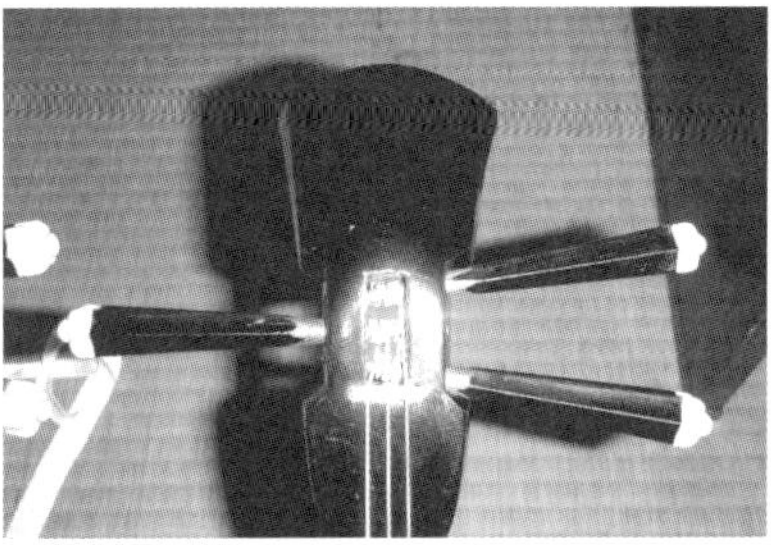

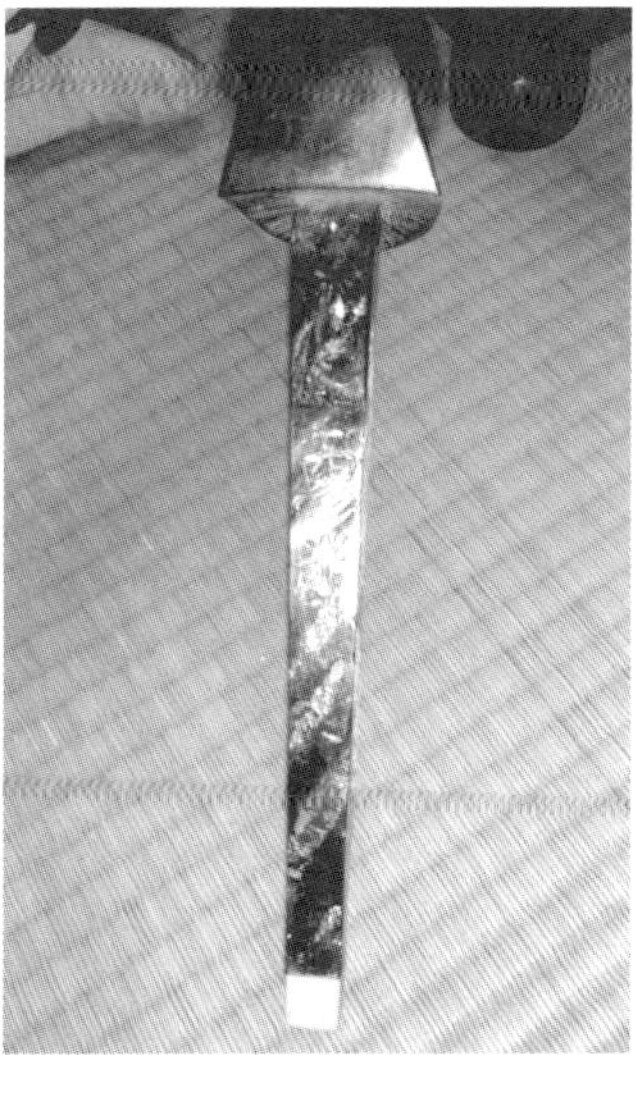

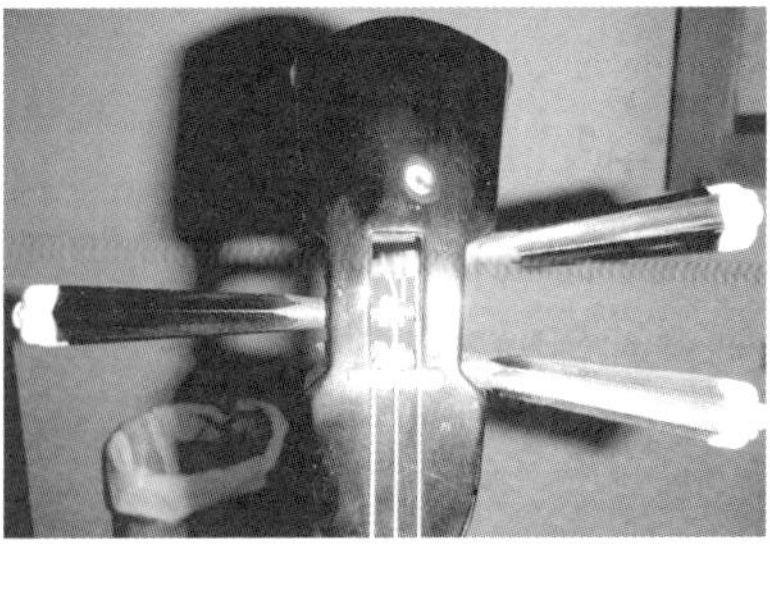

12、翁長開鐘

ご存じ名器三線。県内三線の中で最も当時の状態が残る貴重な一つと思われる。カラクイ先端に房を入れる穴が空いているため、楽童子らによって御座敷などで演奏された可能性も高い。

天から野坂にかけて美しく製作されているのに対し、芯は荒く稍波をうったような形状である点も見逃してはならない。

胴巻きと糸掛の間にある装飾品があるが、これが「何を意味しているのか」、この本を深く読んでいただいた方ならもうお気づきだろう。

材　黒木

型　真壁

太さ　細め

芯に「翁長開鐘」

13、山城開鐘

布哇島箏曲の大家が長年保管されていたもので、その後暫く行方が分からなくなっていたが、古典三線師範によって確認された。同師範より報告を受けハワイから帰国。『琉球三味線宝鑑』掲載、次のように記されている。

「心の側面に山城開鐘、心の裏面に嘉慶十一年丙寅依命名付の記入がある。
面は幸地大面に次ぐ大型である。
嘉慶十一年は尚温王辰の冠船の二年前で、上覧に供へた名器と思はれる。」

材　黒木
型　大真壁
重さ　重量
太さ　太棹
芯に「山城開鐘　嘉慶十一年丙寅依命名付」の銘
現所有者　優慈院日雅

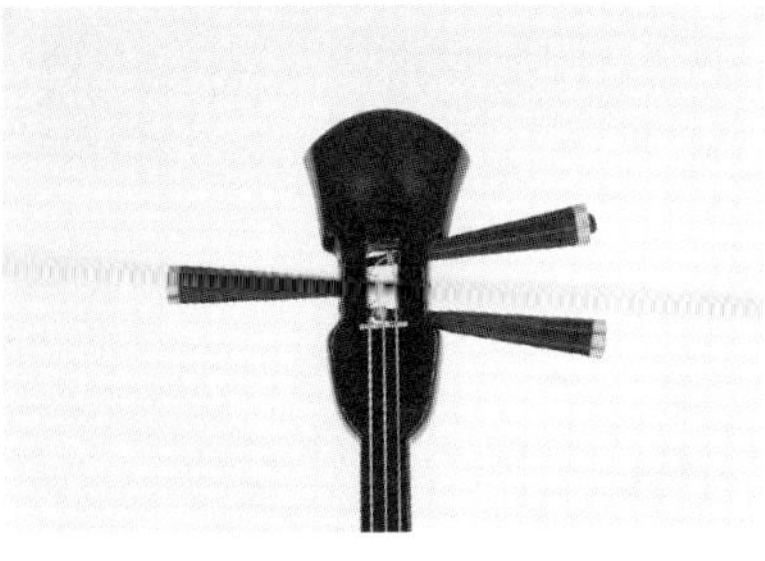

続・私が出会った名器

実際に私が出会った名器をいくつか紹介する。

1、銘「山城」の古真壁

・由来

一九五〇年代初め頃、当時壺屋にあった芸術関連を扱う骨董屋で見かけて購入された真壁型三線。購入者は三線のことに関して知識は皆無であったが、これを機会に三線でも学んでみようと思いたち、まずは那覇の三線屋を訪ねて弾けるものなのかと確認することにした。これを三

線屋に持っていって見せたところ店の主人から「あなたはこれをどこから引き取ったのか」と聞かれた。事情を説明すると「これは間違いなく大正時代の職人が作ったもの。貴方はとても運が良かったね」と何度も褒められた。その主人がこの三線をいたく気に入り、「私の作った新しい上等三線と交換しないか」と頼まれた。少し迷ったものの、三線屋がここまで欲しがるなら値打ちものに違いない、と考え丁重にお断りをし長年保管した。

　この三線は戦前寸法と言われる造りが取り入れられている。野長一尺五寸六分五厘、糸蔵長一寸二分、芯長七寸、芯はやや正四角形であり棹に比べ稍太めである。糸蔵内には古い金箔跡が残る。チラ、側面の曲線、鳩胸と細かな点を見てもその技術と精神性の高さが表れたものだ。芯に「山城」の彫が確認できるが随分前に所有された方の名と思われる。戦前古三線の大きな特徴の一つである芯の鑢跡が当時のまま、激しく残っていることも印象的である。

（現所有者　又吉宏紀氏）

2、當間家の与那三線

所有者（又吉 宏紀）の妻の曽祖父（當間 九思）の代から代々伝わっている。

九思は明治の頃に高良家に生まれ、幼い頃から當間家に養子に入った。當間家の人々は当時、那覇の波の上で松の下という料亭を経営しており、料亭で客をもてなすために三線、箏、太鼓などもたしなんでいた。養子に入った九思も自然と歌三線をたしなむようになり、料亭のお客さんに芸を披露していた。この三線は当時の當間家から譲り受けた三線と伝え聞いている。

学生時代は電気整備の勉強に励んだ。やがて沖縄戦が始まり、九思も宮古島への疎開を余儀なくされたが、戦時中でも三線は無くさないよう肌身離さず大切に持っていた。

九思は昔から無口で厳格だったが心優しい一面もあった。宮古では電柱を一本一本立て、村の電気整備に大きく貢献した。ある日、村の役人が表彰しようと自宅を訪ねたことがあったが、九思はそれを頑なに拒んだそうだ。今では珍しい、厳格だが人情のある頑固お爺さんという印象だったと伝え聞いている。そんな頑固で厳格な九思お爺が生涯大事にしていた三線で、三線を弾いている時だけは心癒されていたのだろうと伝え聞いている。
九思は戦後、那覇の松川に移住（おそらくこの頃に修理が入ったと推測される）し、この三線は子、孫、ひ孫と代々家宝として受け継がれ、今に至る。

（由来の記録と文：現所有者　又吉宏紀氏）

・考察
伝統的な与那城型の造りの特徴が残る貴重な三線。

戦後造られた三線の特徴として、糸蔵側の穆の下部と歌口の位置は同じとされており、良く造られた三線の条件の一つとなっているが、戦前三線の中には、歌口と穆の位置にズレがあるものが少なく無い。この与那城もそうであり、歌口の位置がやや上である。私がこの三線を初めて拝見させていただいた時も、

古三線であることを表すこの歌口の位置の〝ズレ〟に、長い歴史のある三線であると直ぐに理解できるものであった。
　棹に関しては近年塗り直しが施されている。チラ、鳩胸、野面の造りも非常に伝統的な与那城の上品な造りであるため、もしかすると我々が驚くような御殿物の名器中の名器三線であったのではないかと私は推測する。
　芯は修正が加えられているが、現在では用いられない昔の木組みと木ホゾを埋め込んで留める手法が取り入れられている。考察するに、永い歴史の中で、芯部が何らかの原因で腐敗して傷んだ、又は、戦時中に打撃を受けた影響で修理が必要になっていた等の理由があったと思われる。（もしもオリジナルの状態であったなら、何かの銘等の記録があった可能性もある）
　また芯には、「松川」のシールがあり修理時に貼り付けられたものであるが、これは那覇市松川の岸本三線屋さんの親父さんの時代のもので間違いない。岸本さんの親父さんは昭和時代、棹専門の職人としても有名であったが、同時に三線の修理にも長けており、委託も承っていたそうである（名器湧川開鐘が戦時中傷をおったが、戦後その天の損傷の修理を那覇の某三線屋によって復元されたと記録され伝わっているが、実際は岸本さんが承り直したとの証言がいくつかあるので、これは信憑性が高い）。

當間家が戦後松川に移住したことからも、三線の修理に同じ松川地区の岸本さんに依頼したのであろう。時々、修理や修正跡のある三線を、所謂訳あり品として受け止められる方が多いのであるが、この三線のように、我々の想像を超えるような永く深い歴史を持つ三線の可能性もある。また修理跡でさえ、その三線の歴史の一つとして受け止め、重宝するという価値があるのだ。何故なら、過ぎた時代というものはもう二度と戻らないのだから。それらの三線を大事にし、楽しみ、弾き、歌うことが何よりの慰めであり供養である。

3、知念松盛師範御愛用の与那城型

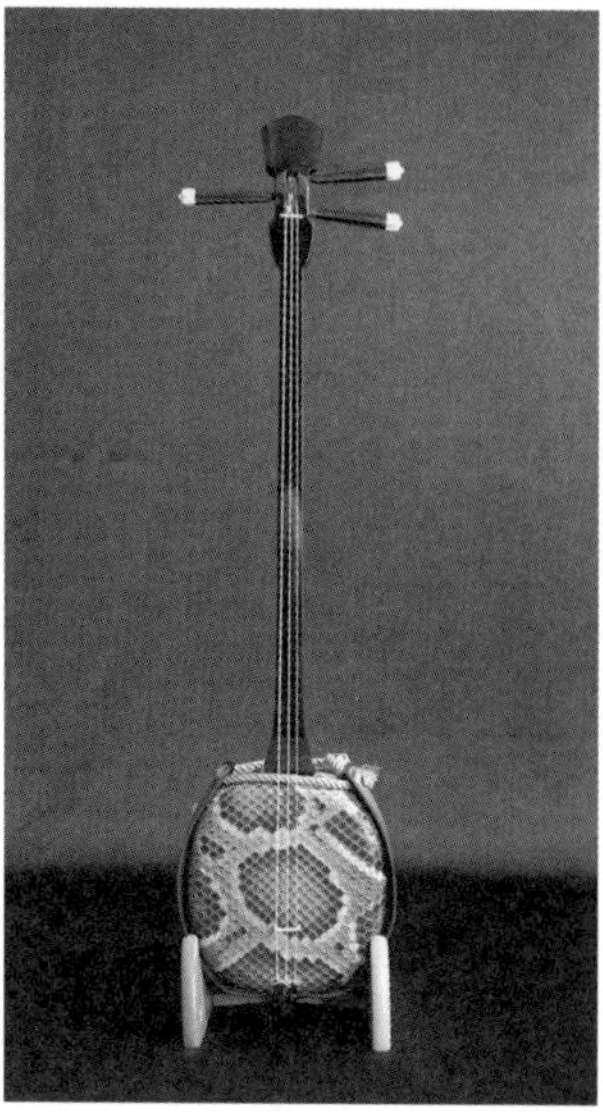

知念松盛先生は野村流古典音楽保存会五代目会長としても知られるが、一九一四年～一九四五年まで沖縄にあった「軽便鉄道」の与那原町駅最後の駅長を務められたという経歴の先生である。

同町にある「与那原町立軽便与那原駅舎展示資料館」にも是非一度足を運んでいただきたいと思う。

一般的な野長より二分長めの一尺六寸。顔～天の流れは小与那であり、虹の輪には僅かに凹みを作るというこだわりが見られる。

チラは小与那城であるが鳩胸は凛々さと鋭さのある造り。芯に（与那型）「一九七六年八

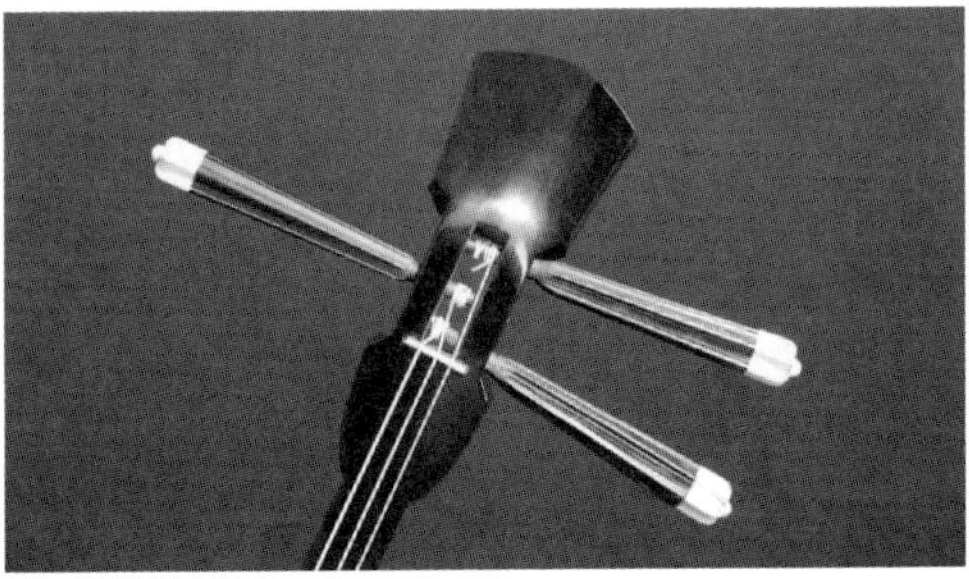

重山黒木購入　製作着手一九八〇年　完成同年十二月　知念松盛」の彫り。

（現所有者　又吉宏紀氏）

VI　三線基礎知識

赤犬子《アカインコ》伝説から始まる三線の言い伝え

民話による三線の祖赤犬子

歌と三味線の昔はじまりや　火子ねあがりの神の美作（おもろさうし）

琉球音楽、そして三線の祖と言われる「赤犬子」。時代は尚真王時代の王府の役人であったと言われている。別名「あかのこうしゅめえ」。読谷村楚辺には「赤犬子宮」があり、三月四日の三線の日をはじめ多くの参拝者が訪れる場所である。

民話で伝わる赤犬子は謎の人物であり、やや神がかった神話的な存在として知られている。その昔、楚辺に美人の女性と赤毛の犬が一匹が住んでいた。女性は村の青年と恋仲にあったが、それをよく思わなかった大地主の男が恋人を殺害した。

男は女性と近づこうとしたが危険を感じた女性は津堅島に逃げた。彼女は子供を身ごもっていたため、津堅島で出産した。それを聞いた大地主の男は「あの女は赤毛の犬との間にできた子供を産んだ」と言いふらした為に、その子供は「赤犬子」と呼ばれることになった。

大人になった赤犬子はクバの茎を削って三線を発明し、各地を歌って巡ったという。

クバで作った三線

人から人へ伝わり変わっていくのが民話の特徴である。赤犬子が三線を発明したとされるが、中国から三弦が伝わり、それが形を変えていったという説が最も有力である。ただオモロにも紹介のある通り、歌人として実在した人物であることはご承知の通りである。

また久葉の茎で三線を作り発明したとあるが、三線が作れるほどの大きさや硬さではなく、到底考えられない。

だが一つ「クバ（久葉）で作った三線」と伝わる三線があって、その昔那覇に巨大なクバ（和名ビロウ）が生えており、その茎を用いて作られた三線というものが現存している。

これは個人所有である為、それが実際にクバの茎なのかは定かではないが、戦前の沖縄の写真などを見ると、今では考えられない巨大なフクギや松の木を見られることから、想像を超えた亜熱帯特有の巨大なクバがあった可能性も否定はできないと思う。

読谷と赤犬子

赤犬子は民話では神話的な存在で、一種の霊的能力を持っていたとされる。最後は楚辺で突然光となって肉体が消え、昇天したとする話もある。

これはやはりオモロの影響があると思われる。尚真王時代には正式に神女ノロが政権に大きく関わっていたことを見ても、ノロと琉歌を含む音楽が密に関わっていた可能性は十分考えられる。また、自然の摂理を大事にしながら琉球独特の生死観を誰もが持っていたはずであり、現代人よりもある種の優れた感覚を研ぎ澄ませて生きていたであろう。赤犬子も神道を歩む努力や信仰を行なっていたに違いない故、一概に神話説も頭から否定はできないと思う。それは赤犬子に限らず琉球人全てに言えることであろう。

伊波普猷先生はその著書『古琉球』の中でこう説明している。

「読谷村楚辺には毎年旧九月二〇日に赤犬子の祭りというのがあって土地の人達は大騒ぎをする彼等はその拝んでいる神が如何なる神であるかを知らない」

しかし私は思うが、如何なる神かを知る必要よりも、地域に生きて根付いた神であり、それを讃えた祭であるのだから、そのスピリットに説明は不要だと思う。現に三線職人は読谷村出身者から多く出ており、偶然ではかたづけられないものを感じている。

開鐘《ケージョー》の歴史について

開鐘とは
三線の歴史を学び始めると耳にする言葉が「開鐘《ケージョー》」である。それでは開鐘の語源や由来はどこから来ているのだろうか。

一般に知られている開鐘の由来をご紹介させていただくこととする。

尚敬王時代に王城（又は御茶屋御殿）で王が寝ていると、鐘（開鐘）の音に気づいて目を覚まされて、

「開鐘ガ鳴シガ夜ル明キユルイ（鐘が鳴ったが夜が開けたのか？）」

と言われたので、使いの者がこう返した。

「アイビラン、アヌ音開鐘ヤアイビラン、盛嶋ドヤイビール（そうではございません。あの音は夜明けの鐘の音ではありませ・ん。盛嶋（三線）でございます）」

すると王は「クヌ音ヤ開鐘ヌ音ト間違ールムンナ（この音は鐘の音と間違えるほどだ）」と感激

され、その三線を盛嶋開鐘と命名されたという。
この話は尚育~尚泰二代にわたって御座楽に勤めた運玉の宇座親雲上徳守氏から伝えられた秘話である。（大村運月談）
また、このような話も伝えられている。
「ある時、首里王府の別邸だった御茶屋御殿で名工・真壁里之子の作った三線を集めて弾きくらべをした。大抵の物は夜が更けるにつれ音色が悪くなっていったが、その一方で暁を告げる開静鐘の音が響きわたる時間になっても、ますます美しい音を奏でた三線が五挺残った。この五挺は真壁作の優秀なものとし、『五開鐘』と呼ばれるようになった」とされている。

開鐘と呼ばれる三線の話

開鐘と呼ばれた三線に伝わる説は他にもある。そこには大和との交流が深く関係しているようだ。それは大和と琉球の音楽に携わっていたとされる琵琶法師の石村検校（一五六二~一六四二）の物語である。

彼は琉球に渡って三線を学び、帰京して三線から三味線に改良したとされている（諸説有り）。これは否定できない言い伝えではないかと思う。琉球が何らかの形で大和との音楽の歴史交流があったというのが、琉球箏曲の「滝落し」でもはっきりしている。石村も三味線組歌最古の曲「琉球組」を作っていることも重要な記録の一つである。

また、池宮喜輝先生の言葉の中にも「三味線（三線）に開鐘と云う位記が立てられたのは、三味線主取以後の事であらう。古来銘器として知られてゐるものは、胴の内面の削方に特殊の工夫がこらされてゐると云ふ事であるが、それについては、思合はされる事がある」と述べている。

なぜなら石村検校の子孫は江戸で三味線の名工となり、代々源左衛門を通り名とした。そして二代目の家はもと鼓の胴打ちで、そのくり方から思い付いて三味線の胴の内側に鉋目を入れることを考案された。その作品は古近江（三味線の名器）と唱えて珍重される中に「明鐘」というものがあったとされる。

つまり盛嶋開鐘や西平開鐘に代表される特殊な胴内の彫り込みの作りは、この三味線胴内の凝った作りと相違しており、これは偶然ではないと訴えている。

大和との音楽の繋がり

琉球古典音楽の歴史から見える大和との音楽の繋がり。そして三線は大和に渡って三味線になり、その技法がまた琉球に渡り名器「開鐘」の完成へと発展した可能性は十分にある。

そこで「三線と刀の作りの共通」でも記したように、大和と琉球の交流の中で、刀を意識した技法を三線作りに取り入れたと「えてもおかしくはないだろう。

両国のこのような関係の記録は残されていないが、琉球が中国との関係を重んじていたために、故意に残されていないのかもしれない。

公然とは出来ないまでも、密かに互いの文化を共有し、それを作風に取り入れては喜び合っていたのではないだろうか。

三線を眺めれば眺めるほど、歴史に残る組曲を聴けば聴くほど、私はそう思えてならない。
○三味線打奉行
慶長十二年（一六一二年）保栄茂盛良　任命

○三味線主取
尚益元年（一七一〇年）名工知念が任命。


『球陽』に以下の記述あり。

住昔の世素と三絃あり。

未だ何れの世に始まるかを知らず。

近世に至り南風原なる者ありて三絃を製す。

その韻声嫋々として絶えず。

遠く四境に聞えて世の三絃とは相異る。

今亦知念なるものありて善く三絃を造る。

この年に擢でて主取となす。

三線の型

沖縄の三線には次のような伝統的な七つの型がある。

1、南風原型……最古の物と言われている。代表的な南風原の他に次のようなものがある。

・タマイ南風原　天に曲がりがある。

・破風型　天がへの字型になっている。由来は不明だが王族のみ建造が許された破風墓が基になっているのではと考える。首里の玉陵が例。

・南風原真壁　天は真壁だが鳩胸が南風原である。

2、真 壁 型……真壁里之子作と伝わる。最も広く愛されている型

・小真壁　・大真壁　・タマイ真壁（曲がり）

3、与那城型……真壁里之子の弟子と伝わる。

■与那正型　■江戸与那　■糸蔵長与那
■大与那　■小与那　■鴨口与那
■タマイ与那　■佐久の川与那

4、久葉ぬ骨……三線の型の中で最も細い。その名前からビロウ（クバ）の形から型に発展したと言われている。久葉という三線打が造ったからこの名前になったのか、又は後になってクバの葉に似ている事から「久葉ぬ骨」と呼ばれるようになった可能性あり。

※歴史の文献の記録からも分かるように、琉球の言葉の多くは、独特な対音であると記されている。昔からその土地特有の表現法があり、言葉には当て字も多いことからも、その様に考える。

5、知念大工……天中央部が稍やや山形のもり上がりがあり、鳩胸も特徴がある。又、真壁型とさほど変わりないものもある事から、見極めを十分に必要とするものもある。

6、久場春殿……天の厚みなくタマリも僅かであるが、鳩胸にかけて太く、芯に段差と三角穴がある。その他に南風原久場春殿というのがあって、一見すると南風原だが芯の特徴から久場春殿に属する。

7、平仲知念……一見すると、真壁か与那か判断が難しい型である。（古型の物）その昔平仲という者がいて「真壁」と「与那」を組合わせた三線を良く誂えさせて造らせていたのが始まりという秘話がある。その為、天は「真壁」、鳩胸は「与那」というように、創作的な工夫が見られる。一方、天や鳩胸が尖って広がりのある大型の平仲知念は、前記の平仲知念より後世に出たものと思われる。

＊宇根親雲上　真壁型に属する。
＊翁長親雲上　南風原に属する。

三線の棹が出来るまで

三線職人・内間直樹さんご協力のもと、特別に棹作りの様子を取材させていただいた。

棹作りは職人によってその製作法はさまざまである。今回は内間直樹さん独自の棹作りに注目した。内間さん曰く「昔は全部の工程を手で行った。でも時代に合わせて道具をもっと活かして作業を効率化して良いと思う」と語る。

効率化することで身体への負担を減らす事により、より「楽しい」三線作りを意識している。しばらく前からテレビやニュースなどの情報を見るのを避けているという。情報により棹製作に悪い影響が出ないためだ。体調面や精神面でも浮き沈みがあると、どうしても作品に影響が出てしまうため、日々三線に向き合っているという。

それではどのようにして棹が出来ているか。〝ハイブリッド〟ともよべる工夫から生まれた「楽しむ棹作り」を見てみよう。

工程1

ハンドソーで荒わきし、木の動きが落ち着くまでよく乾燥させる。風通しの良いように材を十字に積んでおく。

工程2

野面部分の凸凹を取るために、手押しカンナを使用し平面にする。材のひび割れなどがみられる場合は予め接着剤などを流し込んでおく。

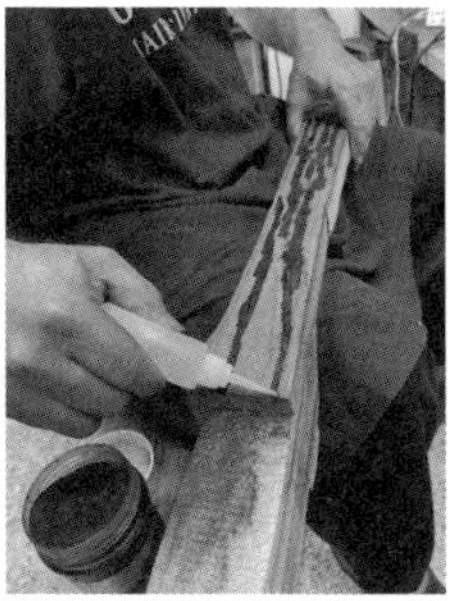

工程3

カンナをかけた後、表面に中心線を打ち、端から端までのセンター線を引き、その線を基準として棹の型を記していく。

工程４

バンドソーにかける。記した線より 1mm ～ 2mm ほどずらして（余らせて）丁寧に製材する。

工程５

表面の製材の後、側面の型を合わせて記す。芯や野面など直線を引く場合は、差金を用いて記す。

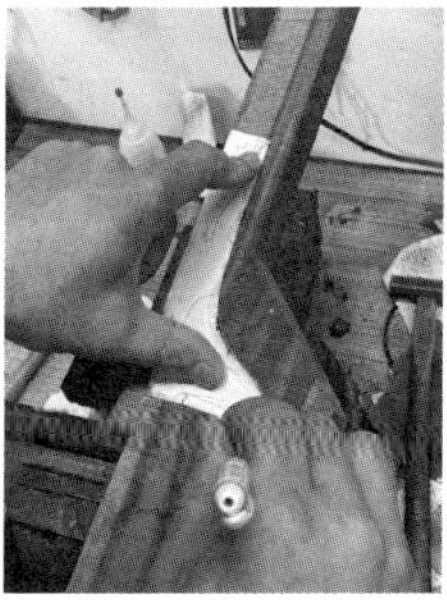

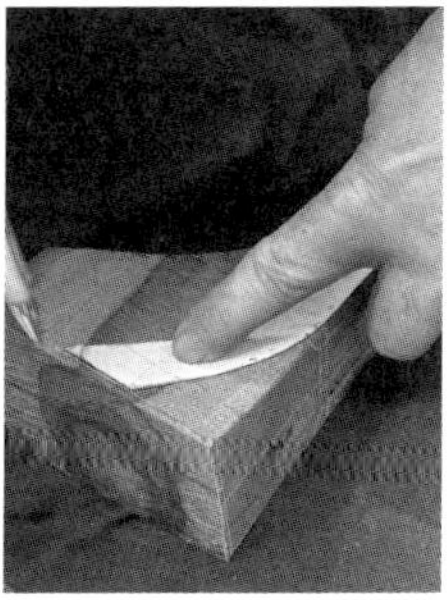

工程６

手作りの台は水平に作られているため、バンドソーの台に乗せ製材を行う事で、鋸刃の負担も減り、効率のよい作業が可能となった。90 度に製材できるように考案し手作りした固定の台を用いて丁寧に製材していく。棹の型を記していく。

工程 7

製材はゆっくり正確に進めていく。特製の台に、あらかじめ引かれたセンター線と材を合わせ、万力で固定し、さらに他の部位の製材を行なっていく。

工程 8

表面、側面の製材が出来たら、天裏と鳩胸の曲線をサンディングする。ベルトディスクサンダーの形状を上手く利用して、滑らかにしていく。これを用いる事で、鉄鑢を使って曲線を作る手間を大きく省く事が出来る。

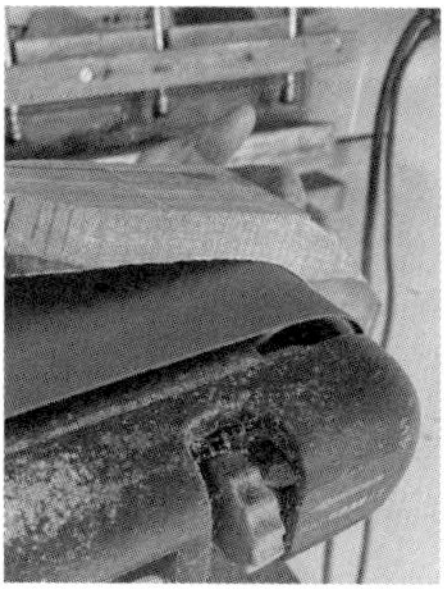

工程 9

糸蔵の穴あけ。型の線よりはみ出ないように確認しながら、表、裏とドリルで空けていく。それからルーターを用いて余分な部分を削り取る。

工程 10

鏨《のみ》で糸蔵を綺麗に取っていく。
虹の輪部分の余分な材を製材。野坂の型を詳細に記す。

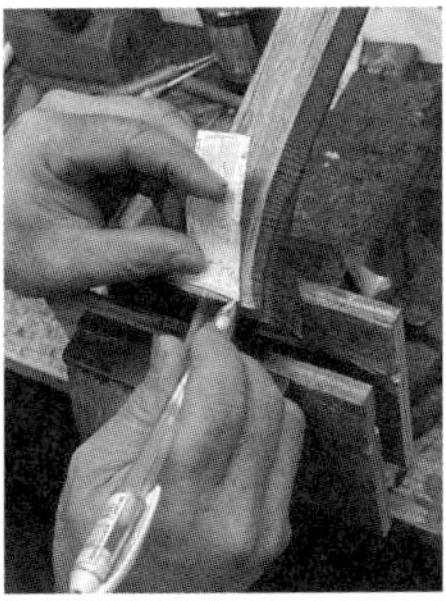

工程 11

手作りの台を用いて、芯を絞り込む。

台と材を基準に調整し万力で固定後、はみ出た部分をルーターで取り、真っ直ぐに整えていく。

工程 12

同じく手作りの台を用いて、野面の直線部分等、型に合わせて丁寧に平面にしていく。

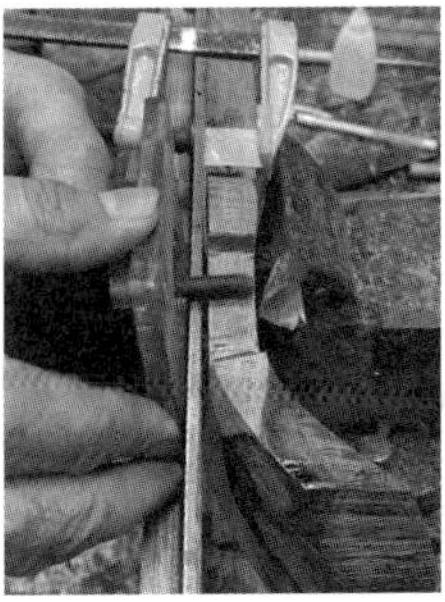

工程 13

ルーター処置後、細かな部分をナイフと鑿《のみ》で更に絞り込んでいく。

工程 14

グラインダーと鑿《のみ》で爪裏の余を取りながら、形状を作っていく。

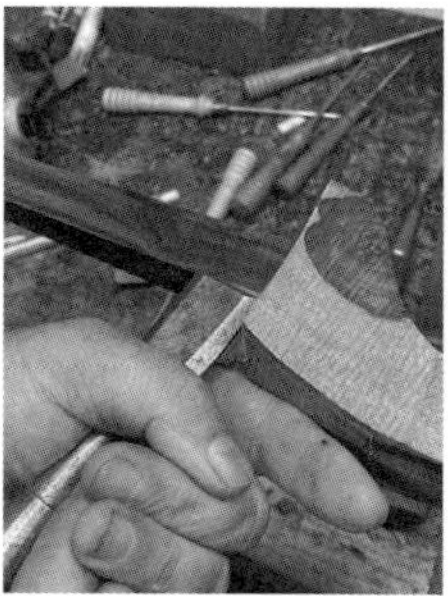

工程 15

少しずつ余分な部分を取っていく。

製材にかけながら、天の膨らみ、鳩胸から野面の丸みを意識して、ゆっくり削り取っていく。

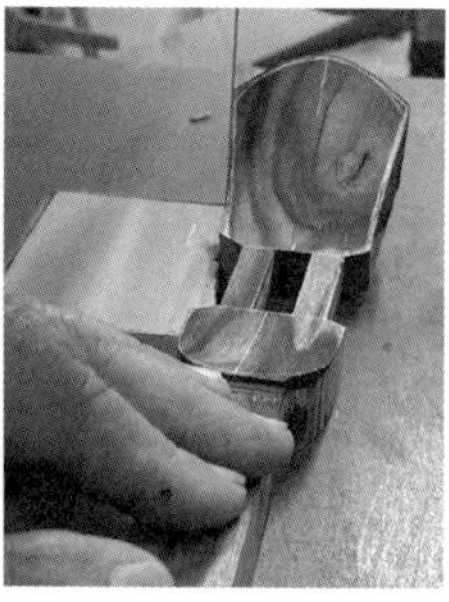

工程 16

爪裏の縁を整え、鳩胸の曲線を作っていく。

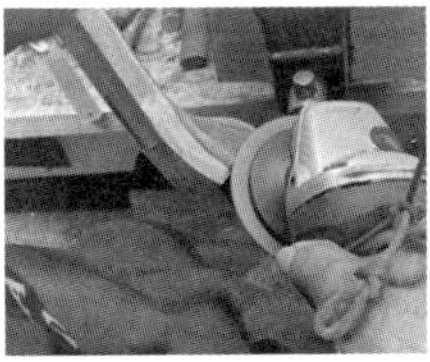

工程 17

鳩胸の後、続いて野面の丸みを作る。
天の丸みや虹の輪も形作っていく。

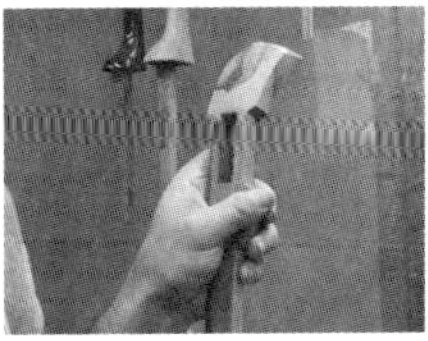

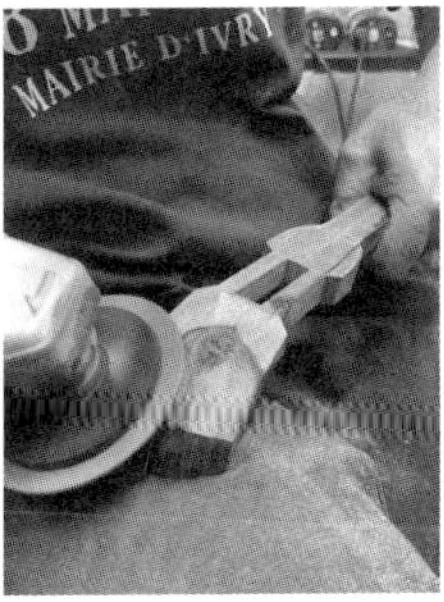

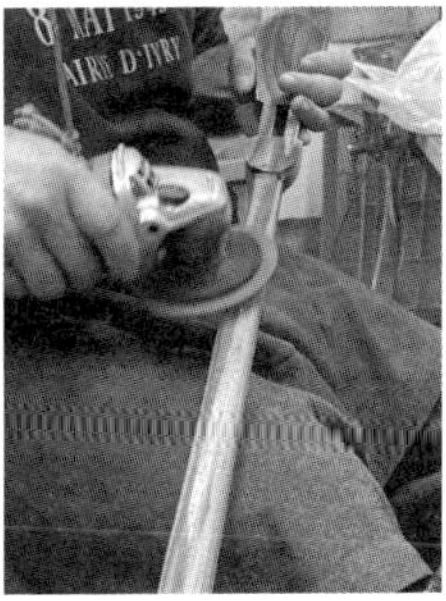

工程 18

形に合わせて更に絞り込む。
全体的な棹の形が見えてきた。

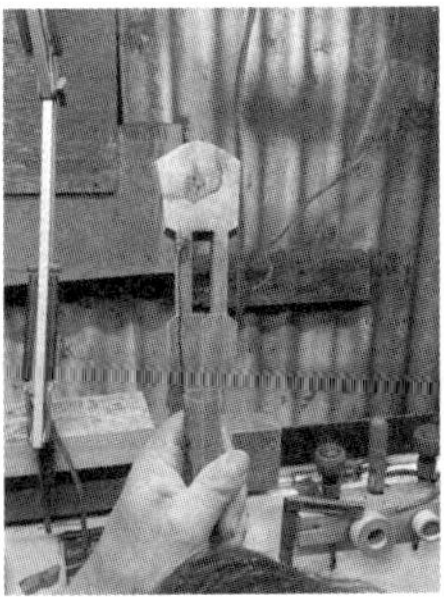

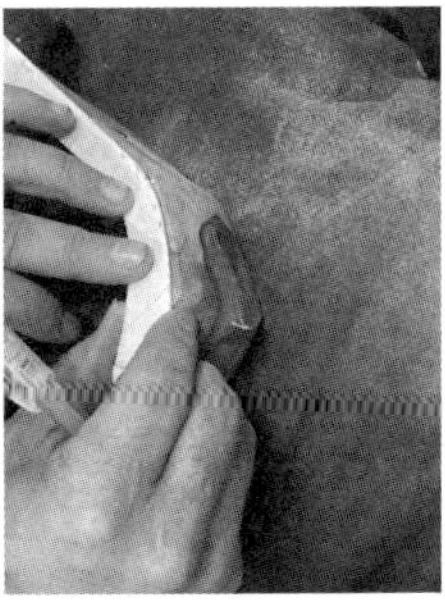

工程 19

乳袋の細かな部分をナイフを用いて形つくる。電動カンナで野面のトゥーイの深さを作る。これはかなりの熟練な技であるため、一般にはお勧めしない。

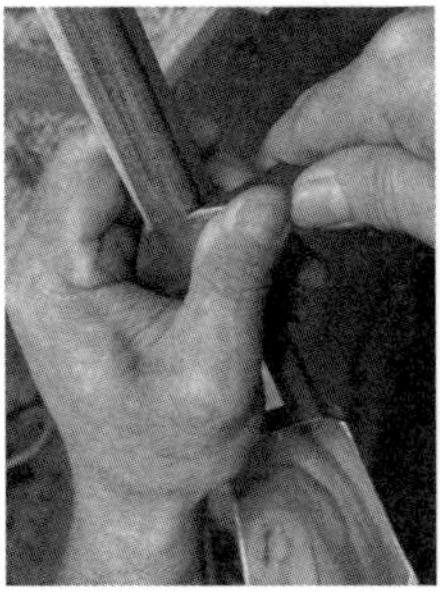

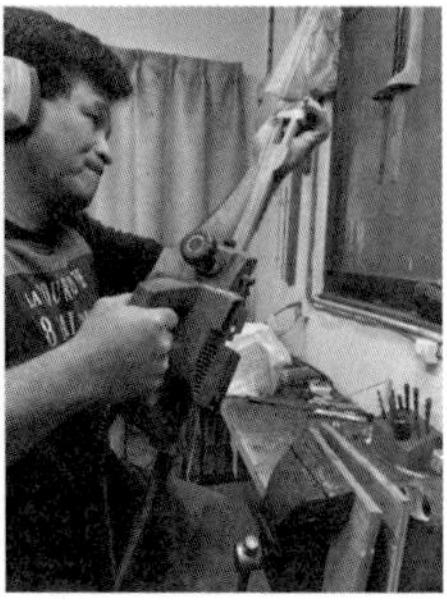

工程 20

爪裏の縁を整え、鳩胸の曲線を作っていく。

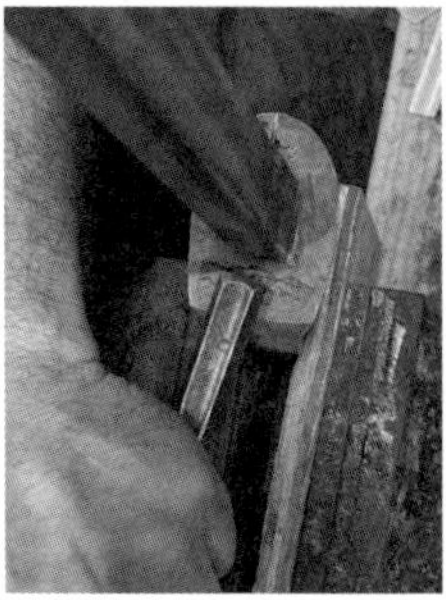

工程 21

歌口の寸法を記して鑿で溝を作る。

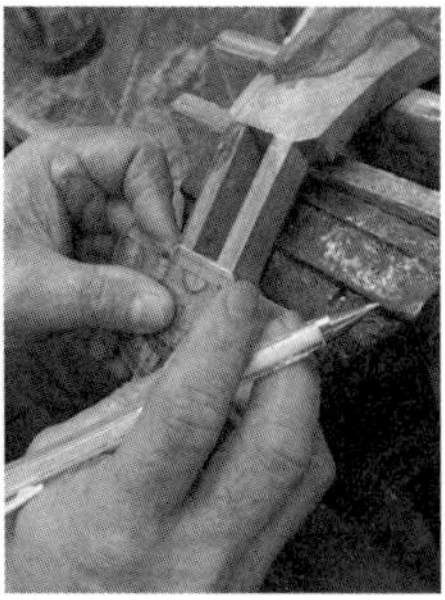

工程22

カラクイ穴の幅と角度を記す。

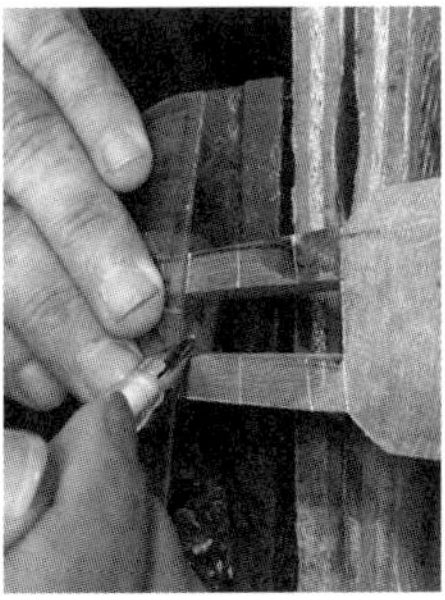

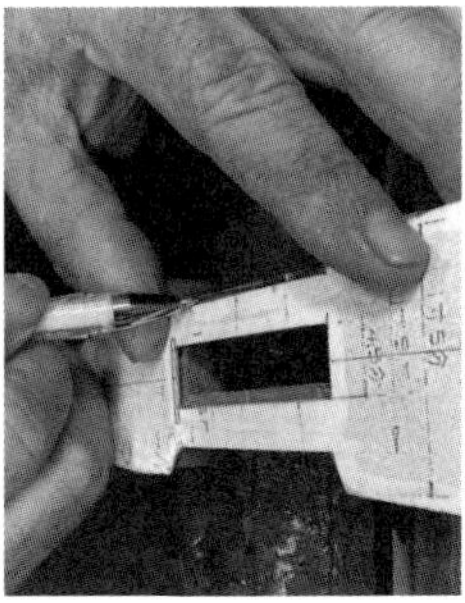

工程23

カラクイ穴空け。印に注意しながら数段階に分けて広げていく。少しでも角度がずれてしまうと、バランスや使用感に悪影響があるため、慎重な作業である。最後はリーマーで調整する。職人によってはリーマーを手動でゆっくり広げていく方法も取る。

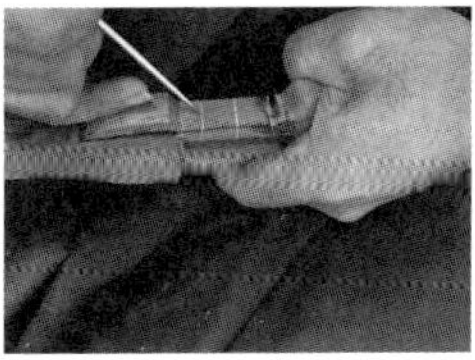

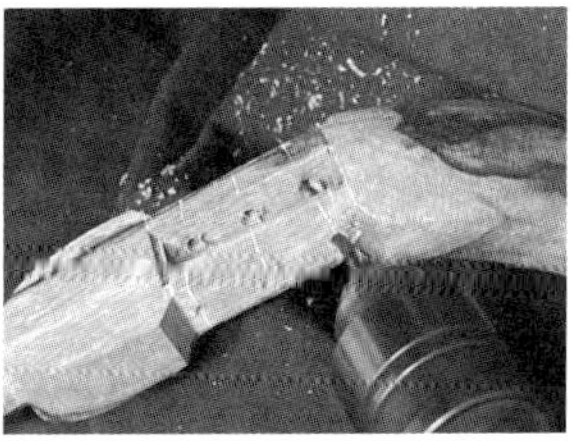

工程24

バランスを見ながら微調整を行う。

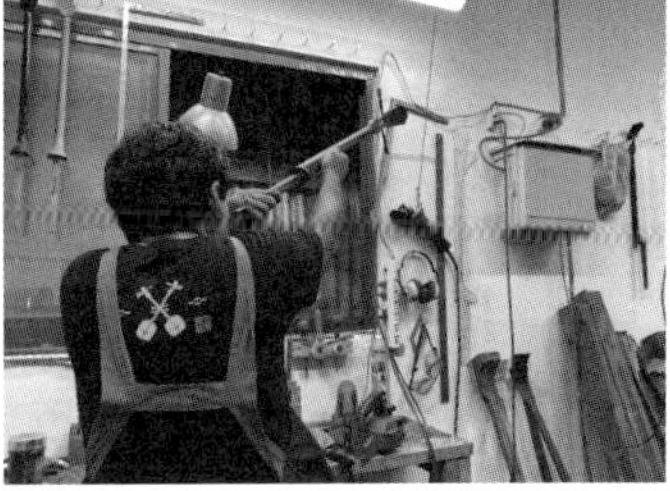

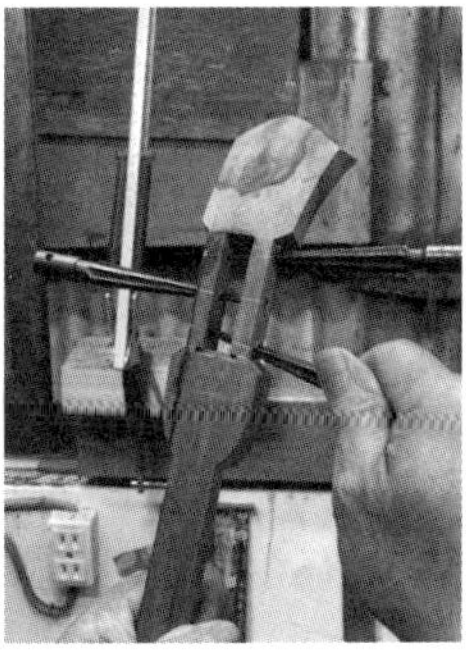

工程 25

仕上げの前に、全体にヒビや細かい割れがないかチェックする。気になる所あれば黒木の粉末を箇所に練り込ませて、接着剤を流し固める。

工程 26

固めた箇所を直しながら、全体をもう一度サンディングしていく。

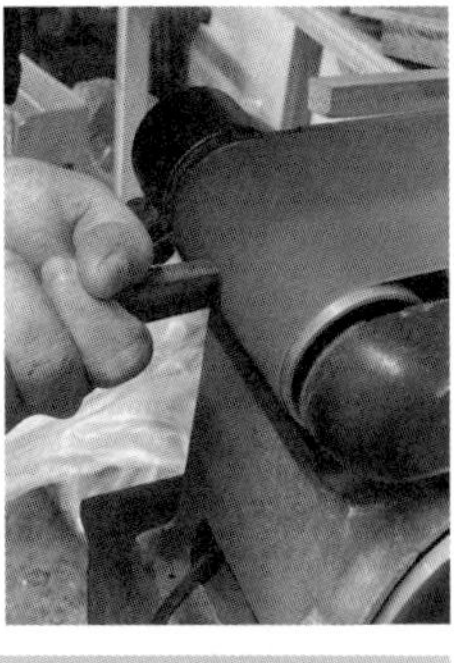

工程 27

全体をサンダーがけする。

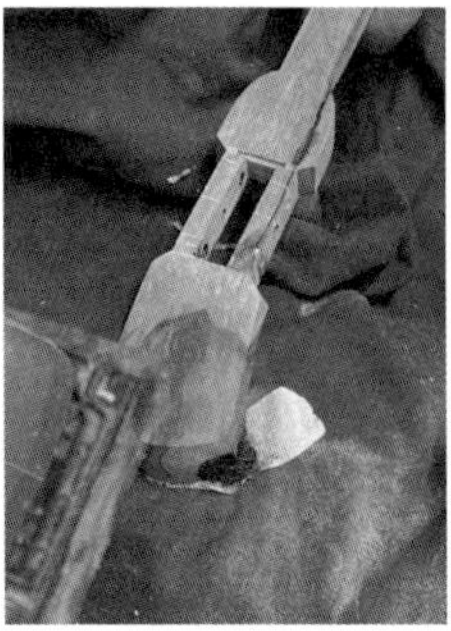

工程 28

いよいよ最終仕上げ。ナイフとペーパーを用いて、何度も何度も目で確認しながら微調整を行い、磨きをかける。

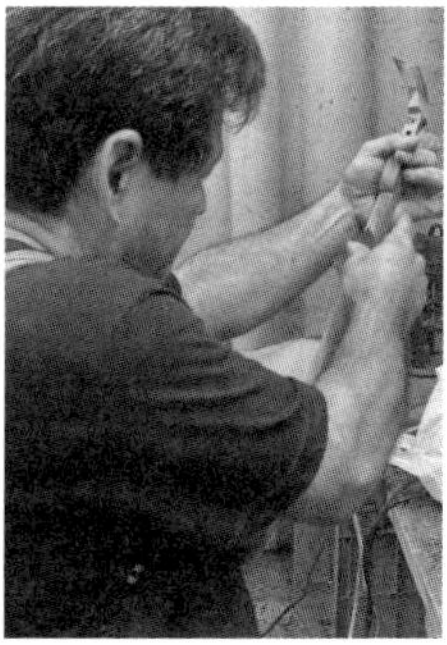

工程 29

完成。
完成された棹は塗職人のもとに預けられる。

内間氏は棹以外にも、皮張り、修理、分解式棹の製作の他、趣味でクラシックギター等の製作もしている。工房や作業部屋も自身で作っており、一つひとつの道具に至るまでアイデアや工夫に溢れている。

全て手作業で行なっていた時代もあり、多忙な時期には何度か体調も崩してしまった。現在の製作法は体調面も考慮しながら、日々製作に向き合う為の工夫が見える。何千本と手掛けてきた苦労から独自に考案した製作は、これからも進化していくことだろう。

普通職人さんが製作工程を見せる事など滅多にないが、「自分が良いと思ったことは、勉強をしている皆さんに惜しみなく教えていきたい」との温かい想いを頂戴し、本書で取り上げさせていただいた。深く感謝致します。

今回の取材の内容が、これから三線製作を学ぼうという方々や、将来の次世代の人達へ役立つ情報となるようにと願ってやまない。

あとがき〜本書で一番に訴えたいこと

伊江朝助先生は『琉球三味線宝鑑』の「序」でこう述べている。

「日本人の刀剣鑑賞、沖縄人の三味線愛好は、世人の想像以上である。」

また東恩納寛惇先生は同じく同書の「三味線考」の中ではこう述べている。

「洪武の初年、三十六姓と共に三味線が福州から伝来したと、専門家は無雑作に断定してゐるが、それは単なる推定に過ぎない。（中略）。それにしても、それ等の雑楽器の中から、蛇皮線だけが離れてそのまゝ三味線にまで成長し、宮廷正楽の太宗とまでなつたものではなく、伝来後、一旦日本内地に渡り、そこで脱皮して三味線となり、再び琉球へかへつて、独特の生育を遂げたものである。」

このように多くの先生方や専門家によって三線の歴史は語られてきた。

しかし、誰もが「何故？」と疑問を持っていたが、わからぬまま長い間解決されずに見過ごされてきた謎がある。それは、三線の形状、長さ、心の作り、芯穴の憶測、等である。それに関しては研究家の資料にも推測の一つとしてのみ取り上げられただけであり、その他の大型の三線書や単行本にも明確に記されたものはない。既に確固たるものがあれば、とうの前に発表されていたはずであろう。

では、その真意は何だったのだろうか。

それらは琉球の長い歴史のある時代まで語り継がれていたかもしれない。それとも激動の時代と共に途絶えたか。または一部の愛弦家の間のみで密かに嗜まれた趣であったのか。

本書はそれらの疑問の解決を促すものになるものと思い、執筆した。そこから更に今後の三線研究の幅広い発展を望むと共に、私自身もより深い琉球文化の勉強に励んでいきたいと思っている。

最後にこの本を出版するにあたって、快く協力していただいた皆様に御礼申し上げます。また長年この活動を支えてくださった県内外の愛弦家の皆様にも感謝申し上げます。ありがとうございました。

主な参考文献

『沖縄語辞典』国立国語研究所編、大蔵省印刷局、平成十年
『使琉球記』李鼎元、言叢社、昭和六十年
『三味線の歴史』大村運月、美巧堂印刷社印刷　昭和五十四年
『沖縄の三線～現状と課題をさぐる～』図録　沖縄市立郷土博物館、平成四年
『ひたすら音づくり』又吉真栄、三ツ星印刷所、昭和五十四年日
『琉球三味線宝鑑』池宮喜輝　愛光堂印刷製本株式会社、昭和二十九年
『琉球音楽夜話』　中村完爾　野村流古典音楽保存会　昭和四十五年
『沖縄の三線：歴史資料調査報告書七』沖縄県教育委員会　出版社：沖縄県教育委員会　一九九三年
『琉球芸能教範』池宮喜輝、月刊沖縄社、一九八七年
「三味線之説」沖縄県立博物館蔵
『三線のはなし』宜保榮治郎、ひるぎ社、一九九七年
『琉球の歴史』ジョージ・H・カー、琉球列島米国民政府、一九五六年
『球陽』鄭秉哲、三一書房、一九七一年

著者略歴
福田　八直幸（ふくだ　やすゆき）

沖縄市生まれ。18歳のころより、三線修理・販売業にたずさわる。独立後、三線の装飾品を製作する事業を立ち上げ、現在に至る。
2020年には「胴巻屋」を立ち上げ、三線の新しい発展に力を入れて活動中。

挿絵・イラスト協力　知花竜海

増補版 古三線に魅せられて
沖縄の三線に込められた想いをたどる

2020年10月31日　初版第一刷発行
2024年 6月30日　増補版第一刷発行

著　者　福田　八直幸
発行者　池宮　紀子
発行所　ボーダーインク
〒902-0076　沖縄県那覇市与儀226-3
電話 098(835)2777　fax 098(835)2840
http://www.borderink.com
印刷所　株式会社 東洋企画印刷

ISBN978-4-89982-468-8